Einaudi Ragazzi

....

storie & rime

Collana diretta da
Orietta Fatucci

....

© 1996 Edizioni EL, San Dorligo della Valle (Trieste)

© 2014 Edizioni EL, per la presente edizione

ISBN 978-88-6656-201-6

www.edizioniel.com

BIANCA PITZORNO } illustrazioni di
Emanuela Bussolati

EXTRATERRESTRE
alla pari

Einaudi Ragazzi

*a Paolo Pitzorno e ad Alessandro Ronchi,
a tutte le mie lettrici e ai miei lettori
di ieri e di oggi*

EXTRATERRESTRE
alla pari

I.
UN ESTRANEO FRA NOI

*M*entre si lavava i denti in gran fretta per non arrivare in ritardo a scuola, Caterina vide dalla finestra del bagno l'astronabus di Deneb che atterrava nel campo di calcio dietro al Municipio.

Lo guardò con interesse, perché l'arrivo di un astronabus non era un fatto che capitava tutti i giorni. Caterina sapeva che la congiunzione favorevole al viaggio fra la Terra e la stella Deneb si verificava solo ogni dieci anni. E non era detto che ogni volta l'astronabus dovesse atterrare vicino a casa sua.

Ne parlò con suo fratello Andrea mentre si dirigevano verso la fermata del pullman che li avrebbe portati a scuola.

– Io lo so, perché si è fermato qui in città, – disse Andrea.
– Probabilmente a bordo c'era il ragazzo denebiano che gli zii hanno invitato a casa loro...

Deneb, la stella piú brillante della costellazione del Cigno, dista dalla Terra soltanto dodici anni luce. Una distanza abbastanza breve per l'astronabus spaziale, che la percorreva in sole 22 ore. Perciò i due denebiani avevano approfittato di *un giorno di vacanza per accompagnare personalmente sulla Terra il minore dei loro figli, che sarebbe rimasto per qualche anno su quel pianeta, ospite di una famiglia del luogo.*

*Solo da poco tempo l'*I.R.T.D. *(Istituto per i Rapporti Terra Deneb) aveva promosso la campagna per uno scambio reciproco di ospitalità fra i ragazzi dei due pianeti, e il giovane viaggiatore che quella mattina era sbarcato un po' smarrito dall'astronabus era forse uno dei primi ad affrontare l'esperienza terrestre.*

1.

Che la questione avesse per i terrestri un'importanza fondamentale, Mo l'aveva capito fin dal primo momento.

Aveva un bel dire sua madre, che in fondo era una faccenda trascurabile, un particolare minimo che si sarebbe chiarito piú avanti e che non avrebbe cambiato niente nei suoi rapporti con la famiglia che l'ospitava...

«Quelli» lo volevano sapere al piú presto, subito!

Anzi, lo DOVEVANO ASSOLUTAMENTE sapere. Altrimenti non avrebbero tenuto Mo a casa loro come era nei patti. E sarebbe stata proprio una bella seccatura tornare su Deneb dopo un viaggio cosí lungo, dopo tanti progetti sulla vacanza terrestre, dopo che tutto era stato preordinato minuziosamente da vari mesi, solo perché nessuno sapeva se Mo fosse maschio o femmina!

Quando i due terrestri glielo avevano chiesto, la madre di Mo aveva fatto una risatina di noncuranza e aveva risposto: – Dio mio, non ce lo siamo mai domandati!

Poi, davanti al loro sguardo stupito, aveva aggiunto cortesemente: – Perché? Dovremmo saperlo? Non abbiamo mai pensato che fosse una cosa importante... Mo è ancora talmente giovane!

Allora l'Uomo aveva trattenuto a stento un gesto di indignazione (ricordando evidentemente che stava parlando con dei denebiani) e aveva risposto: – Scusate, certo che è importante! Visto che Mo deve restare dieci anni a casa nostra. Se non sappiamo se è maschio o femmina, in quale modo ci dovremmo comportare con lui? O con lei?... Insomma, con Mo, accidenti, qualunque cosa sia!

A questo punto era stato il padre di Mo a doversi trattenere, ma dal tono della sua voce si capiva lo stesso che era seccato. – Scusate, – disse, – cosa significa «in che modo comportarvi»? Non capisco quali dubbi possiate avere. Era stato chiarito tutto nelle lettere, mi pare. Vi eravate impegnati ad essere gentili con Mo, a comportarvi esattamente come se si fosse trattato di un vostro figlio. Altrimenti non avremmo mai accettato l'invito dell'Istituto per i Rapporti Terra Deneb.

– Ma certamente, che siamo pieni dei sentimenti piú affettuosi verso la vostra creatura, – era intervenuta gentilmente la Donna. – Non abbiamo nessuna intenzione di maltrattarla... Però, vedete, da noi sulla Terra con una bambina ci si comporta in modo differente che con un maschietto...

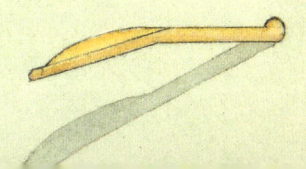

«Maschietto sarà tuo marito!» pensò Mo a cui la faccenda cominciava a dare sui nervi. Anche se aveva studiato bene la lingua terrestre, non aveva imparato che parlando con i ragazzi molti adulti abbondano nell'uso di diminutivi solo per essere piú gentili e «mettersi al loro livello».

– Questione di abitudini, nient'altro, – concluse la Donna, – perciò ci sarebbe utile sapere di che sesso è Mo.

La madre di Mo, come la donna terrestre, non aveva voglia di litigare.

Capiva che le civiltà dei due pianeti erano differenti e che bisognava cercare di adattarsi. Soprattutto se voleva che il soggiorno di Mo sulla Terra fosse divertente, istruttivo, sereno, come tutta la famiglia si era ripromessa quando aveva progettato il viaggio.

– Vedete, – cercò di spiegare, – da noi su Deneb nessuno si chiede se i propri figli siano maschi o femmine fino a che non abbiano compiuto cinquant'anni. Sapete che noi cresciamo piú lentamente: rispetto allo sviluppo fisico, tre dei nostri anni corrispondono circa ad uno dei vostri. Allora i giovani hanno l'età per accoppiarsi, riprodursi e formarsi una famiglia, e la questione assume una certa importanza. Anche fisicamente a cinquant'anni si notano delle differenze, ma prima no, sebbene sia già stabilito cosa diventeranno. Infatti con un esame del sangue molto complicato si potrebbero identificare subito i cromosomi femminili o quelli maschili. Alcuni laboratori di genetica sono in grado di effettuare questi esami. Ma non vi ricorre nessuno, perché a nessuno interessa. Per aiutarli a crescere ci occorre conoscere il carattere dei nostri bambini, le loro tendenze, i loro desideri, i loro punti deboli... non se sono maschi o femmine... Questo interesserà semmai loro, quando da adulti desidereranno metter su famiglia. Se ne avranno voglia, visto che su Deneb non è obbligatorio...

– Neanche da noi sulla Terra è obbligatorio, – osservò l'Uomo.

– Davvero? Mi era parso di sí, – rispose la denebiana.
– Evidentemente sbagliavo.

I due terrestri erano molto perplessi. Certo, a giudicare dall'aspetto, Mo era venuto (o venuta?[1]) su bene, in modo da soddisfare i desideri dei genitori piú esigenti.

Aveva 29 anni denebiani, che secondo le informazioni fornite dall'I.R.T.D. corrispondevano ai nove/dieci anni di vita

---

[1] Da questo momento, unicamente per esigenze grammaticali (visto che nemmeno io so ancora se è maschio o femmina) userò parlando di Mo il maschile. Infatti la lingua italiana adopera questo genere in luogo del neutro (che altre lingue conoscono) quando non si conosce il sesso di una persona o ci si riferisce a un gruppo di persone di sesso diverso. Sapete bene che se un padre ha sette bambine e un maschio soltanto, nominandoli tutti insieme dovrà dire «i miei figli». E cosí la padrona di casa che ha venti invitate e due soli signori, dovrà dire «i miei ospiti». Ma ciò non vuol dire che a questo punto della storia noi dobbiamo considerare Mo un ragazzino.

terrestre. La sua statura e il suo linguaggio corrispondevano a quelli di un ragazzino di tale età, ben sviluppato e intelligente. La sua educazione e gentilezza non lasciavano niente a desiderare.

Parlava con una voce squillante che pronunciava con garbo – anche se con leggero accento straniero – le parole terrestri piú difficili. Indossava una tuta color argento, aderente, decorata sulle spalle e sul petto da borchie luminose. Solo negli occhi e nei capelli differiva, ma poco, dai ragazzi della Terra. I capelli, biondo cenere, lunghi fino alle spalle, erano molto piú lucidi e sottili di quelli terrestri, come fatti di un materiale setoso. Gli occhi li aveva viola chiaro, con le iridi molto grandi, ma per il resto i lineamenti del viso e tutta la corporatura erano quelli di un grazioso bambino (o bambina?) di nove/dieci anni.

I suoi genitori ne erano molto fieri, e pensavano che nessuno potesse trovare in lui qualcosa da ridire. Tanto meno quei ridicoli terrestri che facevano tante storie per un particolare insignificante come quello del sesso, o meglio, del non-sesso!

2.

I due terrestri da parte loro erano disorientati.

Erano iscritti da poco tempo all'I.R.T.D., ma quando la Segreteria aveva proposto loro di ospitare per dieci anni un ragazzino denebiano, avevano accettato con entusiasmo[1]. Non li spaventava la durata del soggiorno. Anzi, essendo senza figli, speravano che il piccolo ospite avrebbe fatto loro compagnia portando un po' di animazione nella loro casa troppo tranquilla.

Quando avevano compilato i vari moduli presso la segreteria del centro, non avevano espresso nessuna preferenza riguardo al sesso del giovane ospite. Poi era arrivata una lettera che annunciava l'arrivo di Mo, e avevano pensato che si trattasse di un maschio perché il suo nome terminava con la o (senza pensare ai vari Andrea, Nicola, Luca, Mattia ecc.) e perché gli aggettivi e i pronomi che lo

---

[1] Naturalmente la durata della vacanza dipendeva dal fatto che solo ogni 10 anni si verificava la congiunzione astrale che permetteva all'astronabus di percorrere in linea retta il percorso Deneb-Terra.

riguardavano nella lettera erano al maschile. Troppo tardi purtroppo avrebbero capito che i denebiani traducono la loro lingua come possono e, poiché in italiano non esiste il genere neutro, e i collettivi vengono indicati al maschile, quelli avevano usato questo genere per indicare il loro figlio dal sesso non ancora definito.

I terrestri dunque si erano preparati ad accogliere un maschio. Ma sarebbero stati disposti ad accogliere con uguale entusiasmo una ragazzina denebiana.

Purtroppo non erano assolutamente preparati ad accogliere Mo, di cui i genitori non si erano preoccupati di sapere se fosse maschio o femmina!

– Cosa importa, in fondo! – aveva concluso stizzito il denebiano, meno conciliante della moglie. – Tanto Mo non si fermerà a casa vostra fino all'età di sposarsi! Tornerà da noi molto prima di essere maturo per questo. Quindi trattatelo come vi pare!

Mo invece a questo punto aveva voglia di tornarsene a casa. Quei terrestri lo guardavano con una certa aria strana... Prevedeva che non si sarebbe affatto divertito a casa loro.

Ma la madre di Mo non voleva privare la sua creatura di una esperienza che le sarebbe stata molto utile nella vita. Quando avevano preparato il viaggio, avevano preso in considerazione anche l'idea che ci sarebbe stata qualche difficoltà; che l'adattamento alle abitudini terrestri non sarebbe stato sempre facile... Ora lei non voleva che Mo si dimostrasse cosí pusillanime da cedere le armi alla prima scaramuccia. Lo aveva sempre stimato un ragazzino (o ragazzina) in gamba.

Quindi sfoggiò verso i due terrestri il piú luminoso dei suoi sorrisi ed esclamò: – In fondo stiamo qui a fare tante storie solo per una questione di tempo! Sappiamo bene che le regole dei vari pianeti sono diverse. Su Venere si conosce il sesso dei bambini dall'istante in cui vengono concepiti; sulla Terra – a meno di fare sofisticate analisi mediche – si devono aspettare i nove mesi fino a che il bambino sia venuto alla luce, su Deneb i cinquant'anni perché il giovane sia abbastanza autonomo e responsabile da sposarsi... Ma io credo che se portate Mo al Laboratorio di Scienze e Ricerche Denebiane di questa regione e spiegate i motivi, i nostri tecnici non si rifiuteranno di fargli l'analisi del sangue. Cosí in poco tempo potrete sapere se è maschio o femmina. Non è una cosa molto regolare, e su Deneb l'etica professionale lo vieterebbe, ma qui siamo sulla Terra. Non è un esame doloroso e mio marito e io non abbiamo niente in contrario, anzi, vi firmiamo una dichiarazione per autorizzarvi a farlo, se ciò può risolvere un problema che per voi è molto grave.

I due terrestri respirarono sollevati. In fondo si erano

allarmati per niente e tutte quelle discussioni erano state inutili. La soluzione era piú semplice di quanto si pensasse. Mo non era un essere ambiguo e inquietante: era certamente un maschio o una bambina e prestissimo lo si sarebbe saputo e ci si sarebbe potuti comportare di conseguenza.

Chiarito l'equivoco, le due famiglie si scambiarono i soliti convenevoli, le promesse e i complimenti d'uso fra la gente civile. I due denebiani abbracciarono la loro creatura. Le raccomandarono le solite cose: di essere buona, ubbidiente, gentile... Di scrivere a casa tutti i mesi attraverso l'I.R.T.D., di avvertire se avesse avuto bisogno di qualcosa. Era un ragazzino in gamba, ma in fondo aveva solo ventinove anni denebiani, ed era la prima volta che si separava dalla famiglia!

Mo versò qualche lacrima sulla spalla di suo padre, ma poi si fece forza, sorrise e agitò allegramente la mano, mentre guardava i genitori allontanarsi verso l'astronabus.

Quando i due denebiani furono spariti dentro il portello del veicolo spaziale, la donna terrestre si rivolse a Mo con un sorriso affettuoso esclamando: – Non lasciarti prendere dalla nostalgia. Lo so che i primi momenti sono i piú brutti. Ma vedrai che qui da noi ti divertirai un mondo! Tanto per cominciare, vieni a vedere la tua cameretta!

3.
....

Non si trattava di una cameretta, come Mo si aspettava, ma di una bella stanza ampia con un balcone sul giardino. La signora aveva detto cosí per il solito vezzo dei diminutivi.

La camera conteneva tutti i mobili di cui Mo pensava di aver bisogno: letto, armadio, cassettiera, sedie, scrittoio, oltre ad alcuni oggetti tipicamente terrestri, come soprammobili, tende, quadri e anche giocattoli, che Mo riconobbe per averne visto la fotografia sulla Enciclopedia Terrestre alla Biblioteca dell'I.R.T.D. della sua città natale. Naturalmente si trattava di una enciclopedia molto incompleta perché la conoscenza reciproca tra i due pianeti era solo agli inizi.

Mo abbracciò la stanza con uno sguardo di approvazione, pensando che vi si sarebbe sentito a proprio agio. Ma la donna terrestre non sembrava dello stesso parere.

– Che guaio, Mo! – esclamò preoccupata e inquieta.
– Eravamo cosí sicuri che arrivasse un maschio!... E ti abbiamo preparato una stanza adatta a un ragazzino!

– Per me va benissimo, grazie, – protestò Mo con un sorriso rassicurante.

– Ma se dopo scopriamo che sei una bambina? Dovremo cambiare tutto... Mettere delle tende piú chiare, dei fiori, un copriletto rosa, cambiare le stampe alle pareti, sostituire quel veliero e quel mappamondo... Non vorrai tenere ai piedi del letto un poster di macchine da corsa! E quei giocattoli? Come potresti giocare con quel pallone, col treno elettrico, col meccano, se fossi una femmina?

– Non potrei giocarci lo stesso? – chiese Mo sconcertato.
– Mi piacciono tanto il veliero e il mappamondo! E poi, non si preoccupi per i giocattoli. Ho portato con me da Deneb la mia bambola di pelliccia.

Doveva aver detto qualcosa di sbagliato. La donna si fermò di colpo accanto alla finestra ed esclamò in tono di accusa, pallida di rabbia: – Dunque sei una femmina, in fondo? È tutto il giorno che ci prendi in giro. E anche i tuoi genitori! Che bisogno c'era di fare tante storie: non sappiamo, da noi non si usa... Si sa, eccome! Giochi con le bambole: dunque sei una femmina!

Mo stava per mettersi a piangere, tanto gli sembrava ingiusto quell'attacco... Però si trattenne, pensando a quante volte gli istruttori dell'I.R.T.D. là a Deneb avevano ripetuto che la mentalità dei terrestri era diversa da quella dei denebiani...

Ma quanta pazienza ci voleva con questi terrestri! Cortesemente spiegò: – Veramente da noi tutti i bambini, quelli che da grandi saranno uomini e quelli che saranno donne, giocano con le bambole. È un gioco che piace molto a tutti. Perché certi dovrebbero esserne privati?

– Ma perché le bambine da grandi avranno dei bambini da curare e i maschi no. Giocando con le bambole le bambine si allenano, – rispose la signora spazientita. Non solo quella strana creatura aveva delle abitudini anormali, ma pretendeva anche di discuterne con i grandi.

– Mio padre è un uomo e ha un bambino da curare, che sono io, – non poté fare a meno di osservare Mo. – E tu che sei una donna non ne hai. A cosa ti è servito giocare con le bambole da piccola? – (Questo forse non avrebbe dovuto dirlo. La signora ne parve molto colpita, addolorata e quasi offesa.) – E poi cosa c'entrano le bambole? Si gioca per giocare, non per imparare quello che si farà da grandi... A Deneb almeno è cosí... – concesse indulgente[1].

[1] Nota per i denebiani. Sulla Terra alcuni studiosi pretendono che i bambini debbano fare giochi «utili»; giochi cioè attraverso i quali imparare quello che si dovrà fare da grandi. Perciò in molti trattati sul gioco si può leggere che il tale gioco «serve» a questo o a quello. Un bambino che gioca solo per giocare evidentemente perde il suo tempo e deve essere giudicato molto male.

Nessuno di questi signori ha però spiegato a cosa servono i giochi che fanno gli adulti. Cioè quali comportamenti futuri impareranno i grandi che giocano a carte, al flipper, al calcio...

La signora abbassò le braccia, impotente a rispondere a quei ragionamenti strampalati e soprattutto delusa. Si era sentita per un momento cosí vicina alla soluzione del mistero! Come poteva sospettare che i denebiani educassero i loro figli maschi alla tenerezza, permettendo loro di giocare con le bambole e tollerando che crescessero effeminati e rammolliti?

– Bene, Mo, – disse cercando di controllarsi, – è inutile perdere tempo a fare supposizioni. Quando avremo i risultati delle analisi e sapremo cosa realmente sei, se sarà necessario cambieremo l'arredamento della tua stanza. Per ora tienitela com'è e cerca di non affezionarti troppo, visto che è provvisoria. Sistema la tua roba nei cassetti e riposati un po', mentre io vado in cucina a preparare la cena. Se vuoi già cambiarti, i tuoi abiti terrestri sono nell'armadio.

Rimasto solo, Mo si guardò in giro, ormai senza curiosità, visto che la sistemazione forse era provvisoria. Non era certo che quella fosse veramente la sua camera, anzi, non era certo piú di niente... E pensare che aveva sempre creduto che i terrestri fossero ragionevoli e gentili!

4.

Aprí svogliatamente il contenitore da viaggio. Aveva portato poche cose oltre alla bambola di pelliccia dalla quale non si era voluto separare. All'Istituto si erano tanto raccomandati che durante il suo soggiorno terrestre adottasse TUTTE le abitudini degli indigeni, i loro vestiti, i cibi, le suppellettili... Nel contratto i terrestri si erano impegnati a fornirgli tutto ciò di cui potesse aver bisogno, come se lui fosse proprio un loro figlio, venuto al mondo nudo e senza alcuna proprietà.

Aprí l'armadio ed esaminò i capi di vestiario che gli erano stati destinati. Biancheria di maglia di cotone bianca, azzurra, verde, marrone... Scarpe di pelle robusta, con grosse suole e lacci scuri, pantaloni, camicie e maglioni sportivi nei toni del blu e del cammello, blue jeans... Un giubbotto impermeabile verde scuro...

«Ma non si mettono addosso niente di allegro, questi bambini terrestri?» pensava Mo. Eppure ricordava di aver visto dall'alto dell'astronabus, mentre si abbassava sulla città, ragazzini con luminosi abiti bianchi, giallo chiaro, rosa (che con l'azzurro era uno dei suoi colori preferiti).

Rovistò in tutti i cassetti nella speranza di trovare qualcosa di rosa, almeno un paio di calze, un pigiama, un fazzoletto... niente! Però c'era un maglione di un bel rosso brillante e questo lo consolò un poco... Ligio alle istruzioni ricevute prima della partenza, si sfilò la tuta argentea, la ripiegò con cura e la ripose in fondo al cassetto piú basso della cassettiera. Poi, con attenzione, per seguire l'ordine esatto degli strati (a cui i terrestri danno molta importanza) indossò la biancheria terrestre, gli abiti, le calze, le calzature...

Si sentiva un po' goffo e impacciato: le cuciture e i bottoni stringevano e tiravano da tutte le parti; le scarpe gli pesavano ai piedi e lo facevano inciampare... «Se si abituano i bambini terrestri, mi abituerò anch'io» si disse per farsi coraggio, anche se in quelle bucce straniere si sentiva adesso un po' solo e abbandonato, estraneo a se stesso, inquietante per i suoi ospiti...

Abbracciò stretta la sua vecchia bambola di pelliccia e uscí sul balcone per esaminare il giardino.

Non era cosí bello come i giardini di Deneb, pieni di piante semoventi e zampilli d'acqua sonori, ma nel suo genere non era neppure brutto. Una rete metallica lo separava dalla strada, e lungo il bordo crescevano cespugli fioriti attraverso i quali si poteva guardare fuori non visti. L'unico vialetto era coperto di ghiaia e c'era un albero di acacia nel piccolo spiazzo, con una panchina ai piedi del tronco. Sulla panchina c'erano alcuni utensili simili a quelli che i terrestri usano per cucinare i cibi, ma molto piú piccoli, e per terra due strane scarpe di metallo munite di piccole ruote. Mo fu felice di capire subito che si trattava di giocattoli. Ne aveva visti di simili al Museo Terrestre, e provò subito il desiderio di usarli e di conoscere i bambini che ne erano proprietari. La tristezza di poco prima era già dimenticata.

A quel punto la sua attenzione fu attratta da un suono di voci che proveniva dalla strada. Il cancello si aprí e due ragazzini terrestri entrarono nel giardino.

Erano pressappoco della stessa statura e delle stesse dimensioni di Mo. Uno indossava degli abiti alquanto simili a quelli che il denebiano aveva trovato nel suo armadio, ma l'altro aveva una specie di tunica larga e corta, di un tessuto variopinto, calze chiare, scarpe leggere e scollate e – cosa ancora piú strana – portava i capelli molto lunghi e intrecciati, come i sacerdoti a Deneb o come gli antichi pellerossa terrestri, benché fosse evidente che non si trattava di un pellerossa, ma di un bambino europeo moderno.

A Mo parve poco corretto stare a spiarli non visto, quindi

tossí educatamente per attirare la loro attenzione. I due bambini alzarono la testa e lo videro.

– Deve essere il denebiano ospite della zia Lucilla, – disse quello in pantaloni.

– Chissà che lingua parla? – disse l'altro.

Discorrevano di Mo sotto il suo naso, senza curarsi di essere sentiti, senza preoccuparsi di salutarlo... Al denebiano questo sembrava il colmo della maleducazione.

– Non ha l'aria di un cretino... – commentò quello con la tunica a fiori, squadrandolo sfacciatamente da capo a piedi.

Mo non si trattenne piú: – Cretini sarete voi! – esclamò, accorgendosi di possedere un vocabolario terrestre piú ricco di quello che aveva creduto. – Parlo la vostra lingua e capisco benissimo quello che state dicendo. E se avete qualche altro commento da fare su di me, vi spacco il muso!

Piú tardi dovevano riconoscere tutti e tre che si era trattato di un equivoco, ma in quel momento, non si sa bene come, si trovarono a rotolare avvinghiati sulla ghiaia, picchiandosi di santa ragione.

Mo era saltato giú dal balcone con una agilità che la differenza di gravità fra la Terra e Deneb ancora gli consentiva e che avrebbe dovuto perdere in poche settimane, abituandosi all'atmosfera locale.

Quando gli adulti accorsero per separarli, Mo era quello che ne aveva prese di piú. D'altronde è logico, visto che era solo contro due. Ma poiché era stato lui a cominciare, non se ne lamentava.

Aveva un labbro spaccato e un livido sulla fronte, un ginocchio scorticato e uno strappo nei pantaloni nuovi.

Anche i pantaloni dell'altro ragazzo erano ridotti male.

I grandi, cioè gli ospiti di Mo e altri due che dovevano essere i genitori dei due bambini terrestri, li sgridavano indignati.

– Bella ospitalità! – dicevano ai due giovani indigeni.

Ma l'ospite di Mo, fattosi raccontare il modo in cui era nata la rissa, dette uno sguardo d'intesa alla moglie e al denebiano parve di sentirgli dire a voce bassa: – Ha cominciato Mo! Lo vedi, deve essere proprio un maschio! – e c'era una nota di fierezza nella sua voce. Ma forse Mo non aveva capito bene. In fondo non era ancora cosí padrone della lingua terrestre!...

Il bambino con la tunica e le trecce, che aveva graffiato e morsicato Mo, e tirato i suoi capelli con violenza, non aveva un graffio, ma perdeva un po' di sangue dal naso e si lamentava in modo pietoso. Sua madre ne sembrava preoccupatissima. Gli premeva sul naso un fazzoletto bagnato, gli carezzava la fronte... Poi si rivolse a Mo e disse in tono d'accusa: – Vergognati! Appena arrivato non trovi niente di meglio che picchiare una bambina! Bei vigliacchi, voi extraterrestri!

Allora anche gli ospiti di Mo – che prima erano sembrati soddisfatti di lui – si mostrarono molto indignati, forse per dare soddisfazione a quegli altri. Comunque lo sgridarono cosí severamente da fargli capire una volta per tutte che i piccoli terrestri con tuniche corte e trecce sono delle bambine, e che le bambine non si devono picchiare. Cosí Mo concluse che essere bambine sulla Terra è di gran lunga preferibile. Infatti lui era ancora piú malconcio, sanguinava dai graffi e dalle sbucciature, inoltre era straniero, spaesato e pieno di nostalgia di casa. Ma nessuno asciugava il sangue dai suoi graffi né gli tamponava il labbro spaccato, né lo consolava...

Sentí che le labbra cominciavano a tremargli, cercò di farsi forza, ma non riuscí a trattenere un pianto silenzioso. Subito la sua ospite gli fu addosso ad asciugargli le lacrime e diceva fra il tenero e lo scandalizzato: – Su, su, non piangere! Non fare la bambina adesso!

E invece Mo desiderava ardentemente che, fatte le analisi dei cromosomi, la risposta degli scienziati fornisse proprio quella preziosa notizia, che lui, Mo, era una bambina!

5.

Per fortuna da giovani i terrestri non sono suscettibili come da adulti!

Infatti dopo cena i due fratelli, che abitavano al pianterreno della villetta, salirono da Mo per invitarlo a giocare con loro in giardino.

Avevano dimenticato il litigio ed erano pieni di sentimenti amichevoli e di curiosità nei confronti dell'ospite denebiano.

Mentre la ragazzina con le trecce raccoglieva i giocattoli e li riponeva, suo fratello e Mo sedettero sotto l'acacia, tracciando pigramente righe sulla ghiaia con un piede.

Dalla panchina si poteva vedere attraverso le finestre l'interno delle due cucine illuminate: quella degli Olivieri (cosí si chiamavano gli ospiti di Mo) al primo piano, e quella dei Brandi (tale era il cognome dell'altra famiglia) al piano terreno. Era un po' come essere a teatro, davanti a due palcoscenici sovrapposti, ma le due scene che vi si recitavano erano molto simili.

In entrambe le cucine le signore si davano un gran daffare

riordinando, lavando i piatti, scopando sotto la tavola, mentre i due mariti sedevano davanti al televisore acceso con il giornale sulle ginocchia e i piedi poggiati su uno sgabello.

– Stanno male? – chiese Mo alla bambina terrestre.

– No, perché?

– Come mai non aiutano anche loro a mettere in ordine?

– Perché quello è un lavoro da donna. E poi loro hanno già lavorato tutto il giorno.

– E le signore non hanno lavorato tutto il giorno?

– No. Loro non lavorano. Sono casalinghe, cioè stanno a casa a far niente, – rispose seccamente il ragazzino.

Veramente Mo ricordava di aver visto un documentario all'I.R.T.D. in cui varie donne terrestri si agitavano come pazze nelle loro case a aggiustare letti, lavare, stirare, cucinare, rigovernare, spazzare, lucidare, cucire, maneggiare neonati, picchiare ragazzini, e poi fuori per le strade a correre come inseguite, cariche di sporte e pacchetti, e poi di nuovo a casa a spazzare, cucinare, apparecchiare, pulire...

– E a casa non lavorano? – osò chiedere.

– Forse... un po'... ma perché ci pigliano gusto. Cosa vuoi che ci importi a noi dei pavimenti lucidi e del bucato bianchissimo! – disse il ragazzino. – E poi che lavoro è, che nessuno lo paga?

– Un hobby? – azzardò timidamente Mo. Ma non ottenne risposta.

- Vedi, Mo, - spiegò la bambina piú gentilmente, - nelle famiglie ci si divide i compiti. I lavori di casa evidentemente sono piú adatti alle donne. Gli uomini vanno al lavoro, in ufficio, in fabbrica...
- E le donne no?
- Ne conosciamo tante che ci vanno anche loro. La zia Anna per esempio, - ammise la ragazzina conciliante.
- A quelle il marito magari le aiuta un poco...
- Quando ne ha voglia! Non è mica affar suo fare i mestieri! - concluse suo fratello.
- Noi abbiamo delle macchine che fanno quasi tutto, - osservò il denebiano, - però nelle famiglie non c'è una persona sola incaricata di usarle anche per gli altri. Chi ne ha bisogno in quel momento, chi ha sporcato, chi ha fame, fa quello che gli serve. Se mio padre sporca un piatto, se lo lava lui, se ha fame, si prepara il pasto e se perde un automatico della tuta, se lo riattacca da solo... - Aveva osservato, durante la cena, che il signor Olivieri aveva contribuito abbondantemente a sporcare i piatti... Su Deneb sarebbe sembrata una dimostrazione di egoismo che non avesse contribuito anche a pulirli.

Ma ai due ragazzini il discorso non interessava piú e si misero a parlare d'altro.

6.

Il bambino si chiamava Andrea e la bambina Caterina. Erano gemelli, cioè, spiegarono a Mo, erano nati insieme. Non proprio nel medesimo istante, ma uno dopo l'altro nel giro di mezz'ora, e Andrea pretendeva di essere il maggiore perché era nato prima, mentre a Caterina il dottore aveva spiegato che quello che esce dopo è il piú vecchio, perché si trova nella pancia della madre da un po' piú di tempo. Litigavano continuamente per questo fatto, perché Andrea pretendeva di farsi ubbidire dalla sorella.

Avevano anche altri due fratelli piú piccoli: uno di quattro anni terrestri, l'altro di tre. Maschio e femmina anche loro, si affrettarono a precisare. In quel momento si trovavano ospiti dai nonni in una città vicina e sarebbero tornati a casa fra una settimana.

In fondo erano due ragazzini simpatici. Avevano dieci anni terrestri, pressappoco l'equivalente dei ventinove denebiani di Mo, ed erano decisi a fare amicizia col nuovo arrivato. Mo trovava che questo era molto gentile da parte loro.

– Come mai porti i capelli cosí lunghi? È un'usanza

denebiana? – chiese con ammirazione Andrea, che aveva i suoi tagliati cortissimi, cosí che si poteva ammirare la forma rotonda della nuca.

– Ma li ho piú corti di quelli di Caterina! – protestò Mo.

– Cosa c'entra? Caterina è una femmina! – esclamò Andrea con una sfumatura di disprezzo, e dal tono Mo capí che, se da un lato una femmina sulla Terra non può venire picchiata impunemente anche quando è perfettamente in grado di difendersi (e questo sembrerebbe un vantaggio), dall'altro essere una femmina e portare i capelli lunghi non era considerata una cosa tanto lusinghiera.

– Da voi anche i maschi portano i capelli lunghi? – chiese Caterina, con l'intenzione di mettere pace.

«Ci siamo, – pensò Mo, – qui si ricomincia da capo» e disse nel tono piú disinvolto che riuscí a trovare: – Io non sono un maschio, e neppure una femmina.

Due paia di occhi lo guardarono sbalorditi.

– Alla mia età su Deneb nessuno sa di essere maschio o femmina, – spiegò. – Neppure io lo so.

Chiarito questo fatto, i ragazzi però fecero meno storie degli adulti. Trovavano, è vero, la cosa molto strana, ma non preoccupante. Era già tanto che Mo non avesse la pelle verde e le orecchie ad antenna come le figure dei marziani dei vecchi libri di fantascienza!

Gli fecero però la domanda che probabilmente a questo punto della storia i lettori si saranno posti almeno 10 volte. Se cioè, dalla nascita fino ad allora, nessuno avesse mai pensato di guardare Mo in mezzo alle gambe per stabilirne il sesso.

– Ai bambini terrestri è la prima cosa che fanno, – disse Caterina col tono di una che di neonati se ne intende. – Prima ancora di vedere se hanno tutte le dita dei piedi e delle mani, e gli occhi e le orecchie a posto e se respirano come si deve...

– A noi no, – sospirò Mo, – per i denebiani sarebbe inutile. Fino ai cinquant'anni esternamente siamo uguali. I nostri genitori per prima cosa chiedono: è sano? è bello? A cosa gli servirebbe sapere il sesso?

– A cosa gli servirebbe? Ma a scegliere il nome, prima di tutto, e il corredino, e i giochi, e gli amici, e poi la scuola e il mestiere e tutto il resto... Non vorrai che una bambina venga chiamata Giovanni e mandata a fare il meccanico! Oppure un bambino chiamato Rosella e vestito di rosa! Ah ah ah...

Trovavano entrambi l'ipotesi molto ridicola e il povero Mo non capiva cosa ci fosse da ridere. Sentiva però che proprio il non capirlo faceva di lui una creatura cosí diversa, estranea fra quei giovani terrestri già cosí «maschi» e cosí «femmine» a dieci anni. Questa incapacità ad afferrare la differenza lo rendeva piú strano, piú diverso da loro che non il fatto di ignorare – per poco tempo ancora, per fortuna – il proprio sesso.

II.
ALLA RICERCA DI UN SESSO

1.

Nonostante tutte le emozioni di quella prima giornata sulla Terra, la notte Mo dormí profondamente.

I signori Olivieri invece non chiusero occhio. C'era poco da discutere, ormai, ma mettetevi nei loro panni!

Non avevano mai avuto figli e Mo era, in un certo senso, il loro primo bambino, anche se aveva circa dieci anni terrestri. Era là, nella camera accanto, addormentato sotto le coperte, eppure la signora Lucilla pensava a lui come a una creatura non ancora nata. Non riusciva a considerarlo una «persona» concreta, una individualità diversa dalle altre. Era come un feto già pronto per la vita indipendente da sua madre, ma non ancora venuto alla luce.

E come due genitori in attesa che il loro bambino, nascendo, si definisca un piccolo uomo o una piccola donna, gli Olivieri pensavano al risultato dell'analisi, alla risposta che lo scienziato avrebbe dato su Mo, e fantasticavano...

La signora Lucilla in fondo desiderava che Mo fosse una bambina.

In questo caso avrebbe dovuto fare molti cambiamenti in casa, ma non le sarebbe dispiaciuto. Se Mo fosse stata una femmina, le avrebbe fatto molta compagnia (tutti sanno che le femmine sono piú affettuose, soprattutto quelli che richiedono di adottare una bambina per procurarsi una compagnia e un «bastone della vecchiaia». Da un maschio c'è da aspettarsi che da un momento all'altro saluti e se ne vada per il mondo in cerca di avventure). Una bambina poi si intende con la madre molto piú che un ragazzo. Le avrebbe insegnato a lavorare a maglia, a fare le torte, magari anche a dipingere. Le avrebbe comprato una bambola con un corredo completo, la roulotte e la piscina. La avrebbe iscritta a un corso di danza classica... E quando Mo fosse cresciuta, le avrebbe fatto le sue confidenze sulle amicizie, sulle prime simpatie per i ragazzi...

La signora Olivieri pensava di essere una donna moderna e comprensiva: non aveva vissuto un'infanzia molto serena e desiderava dare a una sua eventuale figlia tutto quello che lei non aveva avuto.

Il signor Olivieri, che di nome si chiamava Nicola, invece era stato un ragazzino felice. E desiderava che Mo fosse un maschio per ritrovare con lui i ricordi della sua infanzia.

Lo avrebbe portato a pescare, avrebbero giocato a pallone insieme, e fatto gare in bicicletta, e costruito un plastico favoloso per il trenino elettrico, con mille scambi e gallerie...

Avrebbero allestito un laboratorio di meccanica giú in cantina e tutte le domeniche sarebbero andati insieme alla partita.

E poi Mo sarebbe diventato un famoso scienziato, un ingegnere, un medico... O forse no, a questo non si sarebbe arrivati, perché prima sarebbe tornato su Deneb.

Fantasticavano ognuno per proprio conto, ma su una cosa si erano subito trovati d'accordo: l'indomani mattina entrambi avrebbero accompagnato Mo al Laboratorio dell'I.R.T.D. e lo avrebbero fatto sottoporre all'analisi del sangue.

Il Laboratorio si trovava in campagna, a una cinquantina di chilometri dalla città. Gli scienziati che vi lavoravano non erano denebiani, ma uomini terrestri che avevano trascorso su Deneb lunghi periodi di studio, e che ora proseguivano sulla Terra le loro ricerche.

Erano gente piuttosto strana, perché la lunga assenza li aveva un po' disabituati alle usanze terrestri, e inoltre anche ora vivevano molto isolati, assorti nel loro studio, chiusi nelle stanze del Laboratorio... Bisogna anche aggiungere che non tutti sapevano dell'esistenza del Laboratorio, che era protetto dal segreto militare. Le scienze spaziali infatti erano ancora agli inizi e ci si preoccupava di circondarle del massimo riserbo.

Comunque, per gli studiosi che vivevano dentro il recinto del Laboratorio, i problemi concreti degli altri uomini non avevano piú la stessa importanza.

Forse per questo il dottore a cui gli Olivieri si rivolsero quella mattina non sembrò trovare ovvia la loro impazienza di stabilire se Mo fosse maschio o femmina.

Si erano alzati di buon'ora, avevano fatto colazione in fretta, avevano controllato che Mo fosse vestito e pettinato come si deve, ed erano saliti in macchina.

Mo stava seduto sul sedile posteriore, zitto e tranquillo. Guardava dal finestrino sfilare le case, le strade, la campagna terrestri, simili a quelle che gli avevano mostrato nei documentari all'I.R.T.D., ma cosí diverse ora che lui, Mo in persona, ci viveva in mezzo il suo problema!

I due terrestri erano gentili, pieni di premure, ma la loro ansia si comunicava silenziosamente a Mo, che respirò di sollievo quando finalmente la macchina si fermò davanti al Laboratorio. Non era che una questione di poche ore, ormai!

Al Laboratorio, ovviamente, non erano abituati ai visitatori. Chiesero loro di mostrare la tessera d'iscrizione all'Istituto prima di lasciarli entrare. Poi un'infermiera li ascoltò con cortesia, dette loro un modulo da compilare e, quando lo ebbero fatto, li pregò di attendere e uscí dalla stanza. Tornò subito dopo con un signore in camice bianco che portava appuntato sul bavero un cartellino col suo nome «DOTTOR VINCENZO GIL». A Mo riuscí subito simpatico.

Aveva un non so che che lo faceva somigliare ai denebiani piú di qualsiasi altro terrestre che avesse conosciuto. Certamente, pensò Mo, non si sarebbe scandalizzato e indignato con lui perché non era in grado di dichiarare il proprio sesso.

Aveva intuito giusto. Il dottor Gil ascoltò con attenzione la richiesta che la signora Lucilla gli faceva con voce angosciata e imbarazzata, poi si rivolse a Mo in tono di complicità, dicendogli nella sua lingua: – Dunque, giovane amico, ti sei trovato in un bell'imbroglio! Questo non te lo avevano spiegato lassú i tuoi istruttori! Ma non temere, che in qualche modo ti aiuteremo a venirne fuori!

Poi disse cortesemente, ma con molta fermezza, ai signori Olivieri: – La mia etica professionale mi impedirebbe di soddisfare una richiesta che, secondo le norme denebiane, è innaturale, inutile e prematura. Ma mi rendo conto che questo piú che a voi nuocerebbe alla serenità del vostro giovane ospite. Quindi cercherò di accontentarvi. Purtroppo però il professor Mc Slow, l'unico in Europa che sia in grado di effettuare l'analisi che richiedete, in questo momento si trova in viaggio nel centro dell'Africa. È andato a fare delle ricerche laggiú e non tornerà prima di tre settimane. Non ha lasciato l'indirizzo, ma se anche riuscissi a rintracciarlo, non potrei richiamarlo in sede soltanto per soddisfare una curiosità banale come la vostra. Fra l'altro ha vissuto anche lui su Deneb e non capirebbe. Abbiate perciò un po' di pazienza. Per guadagnare tempo preleverò io stesso il sangue a Mo e lo conserverò in cella frigorifera. Tornate qui esattamente fra tre settimane e tre giorni e avrete la vostra risposta.

«Tre settimane!» pensava angosciata la signora Lucilla mentre rientravano a casa. Come se la sarebbero cavata con Mo in tutto quel tempo?

2.

Non avevano ancora chiuso la porta del garage dopo aver posteggiato l'automobile, che dalle finestre del pianterreno quattro volti curiosi già si sporgevano verso di loro.

«E allora?» era la muta domanda che si leggeva nei loro occhi, anche se nessuna parola venne pronunciata dalla famiglia Brandi.

Il signor Nicola allargò le braccia, cercando di assumere un tono divertito: – Niente di fatto! Ci daranno la risposta solo fra tre settimane.

– Accidenti! – esclamò la signora Brandi. – È un'analisi cosí lunga?

– No. È l'analista che è in viaggio in Africa, – spiegò la signora Lucilla.

– In viaggio? Proprio quando si ha bisogno di loro! Ecco le belle abitudini che vanno a prendere su Deneb, e con le borse di studio pagate con i nostri soldi! Io se fossi in voi andrei immediatamente a reclamare alla direzione dell'Istituto! – esclamò indignato il signor Brandi.

– Ma no, Osvaldo, non fa niente! Cosa vuoi che siano tre settimane? L'importante è che Mo si trovi bene con noi... – cercava di spiegare il signor Nicola.

Ma i due cognati non erano molto convinti. I due gemelli invece se la ridevano. Se prima avevano aspettato anche loro la risposta a quell'interrogativo inquietante, ora trovavano molto divertente che proprio non fosse possibile sapere cosa era esattamente Mo. Fu anzi proprio Caterina a suggerire di prendere la faccenda come uno scherzo, e sullo scherzo si accordarono Mo e i due Olivieri.

– Faremo così, – suggerí il signor Nicola, – nei giorni pari fingeremo che Mo sia una bambina, nei giorni dispari che sia un maschio.

– E in quale caso smetteremo di fingere e faremo sul serio? – chiese Mo.

– Forse il 29 febbraio di un anno bisestile, – scherzò Andrea.

– Non fare lo spiritoso, – lo sgridò sua zia; – purtroppo faremo sul serio soltanto fra un mese, quando avremo la risposta del laboratorio.

A Mo questa storia di fingere continuamente non andava molto a genio. Tanto piú che non era solo lui, in questo caso, a recitare una parte, ma tutti gli altri intorno si adeguavano e ciò dava un tono un po' falso a tutti i loro rapporti.

L'indomani era un giorno pari. Per l'esattezza, il 10 novembre, secondo il calendario terrestre. Fecero indossare a Mo un abito chiesto in prestito a Caterina (infatti fino a che non fosse arrivata la risposta dal Laboratorio, non volevano rischiare di spendere per niente comprandogli un completo corredo femminile), gli misero un nastro fra i capelli e lo mandarono con la gemella alla scuola femminile.

Naturalmente anche sulla Terra c'erano delle scuole dove bambini e bambine stavano insieme nella stessa classe, ma quando i gemelli avevano avuto sei anni, uno psicologo aveva consigliato i signori Brandi di mandarli in due scuole separate, perché è bene che i gemelli stiano ognuno per conto proprio almeno qualche ora della giornata, altrimenti fanno troppa fatica a sviluppare una personalità distinta.

Cosí Caterina e Andrea erano stati iscritti a due scuole diverse, e perché ciascuno dei due trovasse logica l'assenza dell'altro gemello (a quel tempo erano affezionatissimi) erano stati messi in due classi composte da sole femmine Caterina e da soli maschi Andrea.

Mo uscí portando nella cartella un biglietto col quale la signora Lucilla pregava la maestra di ospitare in classe la sua figlia adottiva finché non avesse ricevuto tutti i documenti necessari a iscriverla regolarmente. Avvertiva che Mo avrebbe frequentato la scuola saltuariamente, perché doveva ancora essere sottoposta a dei controlli medici per il suo adattamento al clima e al tipo di vita terrestri.

E questo era vero soltanto in parte, ma serviva a giustificare i giorni in cui Mo avrebbe «finto» di essere un maschio e sarebbe andato alla scuola di Andrea.

Cosí quel 10 novembre il piccolo denebiano passò la sua prima giornata di scuola in una classe femminile. Ecco come lui stesso raccontò questa singolare esperienza in una lettera a Tar, che era il suo fratello (o sorella?) preferito.

Car Tar[1],

non devi essere triste perché non ci sono, altrimenti divento triste anch'io. E poi tu hai gli altri ragazzi, papà e mamma, la nostra camera, gli amici, i Sapienti di sempre... Cosa dovrei fare io, che sono qui sol fra questi terrestri cosí strani e diversi da noi? Però devo riconoscere che fanno di tutto per farmi stare a mio agio. Purtroppo qualche volta non è possibile, ma non dipende da loro. Però non devi metterti in testa che io qui

---

[1] Nota per i terrestri. Non si tratta di un errore del tipografo. La lettera – come tutte le altre scritte da Mo ai suoi che riporteremo piú avanti – è stata tradotta dal denebiano. Lingua che prevede, per i ragazzi al di sotto dei cinquant'anni, pronomi e aggettivi di genere neutro. In italiano il neutro non esiste, perciò – per non farvi pensare che a questo punto Mo attribuisca uno dei due sessi a sé o a Tar – abbiamo privato della lettera finale tutti gli aggettivi che li riguardano.

sia infelice e abbandonat. Soprattutto non dirlo a papà. In fondo sono stat io a voler venire sulla Terra. E poi mi diverto, con tante novità.

Senti questa: stamattina per la prima volta sono andat a scuola. Io non so proprio come fanno i bambini terrestri a imparare quello che gli serve! Qui non hanno le macchine audiovisive e tutte le informazioni le fornisce una tizia che si chiama maestra, tutto a voce. Naturalmente nessuno dei ragazzi può controllare se quello che ascolta è esatto.

Non ci sono neppure i laboratori con i tecnici che ti fanno rifare tutti gli esperimenti come da noi.

Sui libri c'è qualche fotografia e Caterina mi ha detto che una volta al mese proiettano un film. Ma vuoi mettere con i documentari che noi possiamo consultare tutti i giorni nelle videoteche!

E poi, di maestra ti devi tenere quella che ti danno. Non è come da noi, che ognuno si può scegliere il Sapiente che preferisce e cosí i Sapienti meno simpatici restano senza allievi e devono cambiare mestiere! La maestra che è toccata a me e a Caterina è una donna molto nervosa. Poveretta, chiunque lo sarebbe a dover fare tutto da sola. Racconta, racconta cose che ognuno può cercarsi da solo in una nastroteca o in una enciclopedia, e si arrabbia moltissimo se qualcuno la interrompe con una domanda. Come farà a rendersi conto se abbiamo capito bene tutto, è un mistero.

Con me però è stata molto gentile. Mi ha fatto un mucchio di domande su Deneb e si è molto meravigliata delle mie risposte. Sai, mi sono accort che qui sulla Terra, di Deneb si sa veramente poco o nulla! Gli scienziati si tengono le notizie per sé e la gente poco ci manca che creda che noi andiamo in giro con le antenne al posto delle orecchie e le squame come i pesci. Avessi visto come erano meravigliate le compagne di Caterina per il fatto che ero simile a loro e che sapevo parlare la loro lingua!

Mi sono venute tutte intorno per guardarmi da vicino; qualcuna mi ha anche toccat con un dito per vedere di cosa ero fatt.

Sono tutte femmine. Questo fatto delle femmine e dei maschi te l'ho già spiegato nell'ultima lettera. Quando hanno preso confidenza, mi hanno fatto un mucchio di domande sulla nostra vita su Deneb. Naturalmente non ho detto niente sul sesso, come mi ha raccomandato la signora Olivieri. Ma quando mi hanno chiesto se andavo anche lí a una scuola femminile, non sapevo cosa rispondere. Per fortuna mi è venuta in aiuto Caterina, che ha detto che da noi le scuole sono tutte miste. Che a pensarci bene non è neanche sbagliato. Queste ragazzine non sono antipatiche, ma fanno una confusione! *Parlano tutte insieme, si fanno i dispetti, ridono per niente, litigano per niente! Vedessi poi quanta importanza danno al proprio aspetto. Vanno continuamente in bagno, ma non per fare pipí. Ci vanno per pettinarsi davanti allo specchio. Poi stanno sempre a parlare di vestiti e a confrontarseli. C'è tutto un giro di braccialetti, collane, spille, figurine di fiori o donnine... Se li prestano, li barattano, se li perdono si mettono a piangere. Davvero, se non lo avessi visto non ci avrei creduto.*

Poi hanno le lacrime in tasca! Basta dar loro una spinta, una gomitata che piangono disperate. Ce n'era una molto simpatica che mi ha insegnato a saltare sui banchi e non le importava se la gonna le andava di sghimbescio. Abbiamo fatto a pugni e le è piaciuto molto. Ma non ha molte amiche in classe. Ho deciso che sarò io la sua amica.

La lezione, una volta capito come funziona, naturalmente era molto noiosa. Ma c'è stato un momento divertente. Tutte avevano dei bastoncini di metallo lunghi e sottili e con un lungo filo di lana facevano una specie di tessuto che qui si chiama «maglia». A vederla sembra un'operazione molto difficile, ma anche io alla fine ho imparato e quando è suonata la campana (qui è il segno che la lezione è terminata) avevo fatto un bel pezzo di maglia. Quando torno voglio insegnarlo a papà. Gli piacciono tanto i lavori manuali, ma questo certo non lo conosce.

Dopo pranzo siamo andate[2] *a giocare in un campo di pallacanestro, con tante bambine di altre classi.*

Qui è piú facile che a Deneb perché l'aria è piú leggera e si deve fare meno sforzo a tirare la palla nel cesto.

Perlomeno, a me sembrava facile, e ho vinto tutte le partite, proprio io che nella nostra squadra ero una schiappa!

Naturalmente per tutto il giorno ho dovuto fingere di essere una femmina, e quando non sapevo cosa rispondere, mi aiutava Caterina. È stata molto gentile, non mi ha lasciat un attimo sol. Meno male che ho trovato questi «cugini» terrestri, perché da sol non saprei come cavarmela.

Qui tutto è cosí strano: le abitudini, i materiali, la gente, l'aria stessa che si respira, la gravità, i suoni, il sapore dei cibi... Certe volte mi sento frastornat e avrei voglia di tornare a casa. Ma tutto sommato è un'esperienza interessante e credo che, quando mi sarò abituat, mi divertirò un mondo.

Sei soddisfatt del resoconto della mia avventura terrestre? Se ti lamenti perché è troppo lungo, quando torno ti spacco il muso.

---

[2] Nota per i terrestri. Qui Mo usa il femminile perché si riferisce alla maggioranza delle scolare, che sono tutte terrestri e quindi senza alcun dubbio di sesso femminile.

Mi raccomando, ricordati di dare da mangiare ai miei drogopildi. La piantagione di barze va innaffiata ogni 5 giorni.

Aspetto tue notizie, e soprattutto scrivimi che punteggio ha fatto nell'ultimo incontro la nostra squadra di splugo.

Un abbraccio affettuoso, Mo

3.

L'indomani le cose si fecero un po' piú complicate.

Tanto per cominciare, era un giorno dispari. Mo indossò i «suoi» vestiti dell'arrivo, poi andò in bagno a pettinarsi, e poiché per la gravità terrestre i capelli gli si erano fatti meno leggeri e gli ricadevano continuamente sugli occhi in modo fastidioso, li legò col nastro come aveva imparato il giorno prima.

Ma quando si presentò a colazione, fu accolto dalle risate dei due cugini che erano saliti a prenderlo per accompagnarlo a scuola.

Il signor Nicola invece lo guardò con aria di disapprovazione.

– Via quel nastro, Mo! – disse in tono deciso. – Se oggi devi comportarti da maschio, non puoi renderti cosí ridicolo!

Ma i capelli di Mo erano gli stessi del giorno prima. Sugli occhi gli davano fastidio. Propose di fermarli con una molletta, se proprio non poteva portare il nastro.

– Anche la molletta è una cosa da donna! – sentenziò Andrea. – Non potrei mai portarti alla mia scuola cosí conciato. Ci riderebbero dietro per tre mesi.

– È un bel problema, quello dei capelli, – osservò la signora Lucilla. – Finché non abbiamo la risposta non possiamo azzardarci a tagliarglieli...

– Perché no? – rispose suo marito. – Anche molte bambine portano i capelli corti. Basta non esagerare e non fargli la sfumatura alta sulle orecchie.

Lei veramente aveva sempre sognato una bambina con i capelli giú per la schiena, e se Mo si fosse rivelato femmina, quanto tempo ci sarebbe voluto a farglieli ricrescere! Ma decise di non litigare per questo col marito.

Presero le forbici di cucina, ma i capelli di Mo erano di una materia diversa da quelli terrestri e non si lasciavano tagliare. Rimbalzavano, si piegavano, sfuggivano da tutte le parti, ma non si spezzavano in alcun modo.

Cosí dovette andare a scuola con il ciuffo sugli occhi, spostandoselo continuamente con la mano. Gesto che gli divenne abituale tutte le volte che «fingeva» di essere maschio.

Alla scuola maschile ci si divertiva di piú che a quella delle bambine, anche se il metodo usato dal maestro per fare lezione era pressappoco lo stesso.

I nuovi compagni non mostrarono eccessiva curiosità nei confronti di Mo. Forse pensavano che la curiosità non fosse un sentimento abbastanza dignitoso.

Solo qualcuno gli chiese delle notizie tecniche sul viaggio interstellare, sulla velocità, la distanza, il carburante usato dall'astronabus. Nessuno si informò dei suoi sentimenti, se gli piacesse la Terra, se avesse nostalgia, se avesse lasciato laggiú degli amici, come avevano chiesto le bambine.

Fra una lezione e l'altra giocarono a pallone in cortile, fecero la lotta, si arrampicarono di nascosto su un albero e da questo su una tettoia, chiusero per scherzo il bidello in gabinetto.

Poi tornarono in aula, dove impararono a costruire una prolunga per la corrente elettrica e piallarono un pezzo di legno.

Verso mezzogiorno Mo era un po' stanco. I compagni lo avevano fatto correre troppo, e i suoi polmoni non erano ancora abituati all'aria terrestre. Lo avevano spinto, gli avevano dato un pugno in mezzo alla schiena che lo aveva fatto tossire per cinque minuti...

Sedette su una panca della palestra per riprendere fiato e riposare un poco e chiese a un ragazzo che gli stava vicino, cosí, tanto per attaccare discorso e fare amicizia: – Tu sei capace di fare la maglia?

L'altro lo guardò come se non avesse capito bene e Mo ripeté gentilmente la domanda. Allora il ragazzo, senza avvisare, gli dette un pugno sul naso e chiamò a gran voce Andrea: – Di' un po', ma dove sei andato a pescarlo questo tuo cugino? Sono tutti cosí i denebiani? Non si capisce bene se è deficiente o se ci vuole prendere tutti in giro!

Era molto offeso e guardò con disprezzo Mo che, piangendo di dolore e di stizza, andava in cerca di protezione verso Andrea.

Ma neppure Andrea gli fu di molto conforto.
– Non piangere come una femminuccia, – gli ordinò bruscamente, – che figure mi fai fare! Se oggi devi fingere di essere un maschio, fingi bene, accidenti –. Era preoccupato di perdere la stima dei compagni per colpa di Mo.

Il signor Nicola, a casa, fu fiero del naso pesto di Mo.

– Cosí imparerai a difenderti! – fu il suo commento.

Il pomeriggio Mo era stanco e avrebbe preferito restare a casa con la signora Lucilla, ma Andrea lo venne a prendere per andare a pattinare. Poi andarono da soli a comprarsi le figurine dei calciatori a un chiosco di giornali molto lontano e non tornarono a casa che all'ora di cena, senza che nessuno ci trovasse da ridire.

Non era stata una giornata riposante, ma in complesso Mo si era divertito e aveva imparato tante cose nuove.

4.

Per tutte le tre settimane successive Mo continuò a imparare cose nuove sulle abitudini dei terrestri. Anche il suo fisico andava pian piano adattandosi al nuovo ambiente: gli abiti non gli davano piú fastidio, i sapori dei cibi gli diventavano familiari, i movimenti gli riuscivano uguali a quelli dei coetanei terrestri, né piú lenti né piú veloci...

Inoltre si era abituato gradatamente ai cicli di sonno e di veglia, alle abitudini igieniche, alle norme di comportamento della comunità di cui era ospite.

Nel frattempo erano tornati dalle vacanze i due figli minori dei signori Brandi: Cecilia, di quattro anni e Luigi di tre. Erano due bambini pestiferi, aggressivi, maneschi, piagnucolosi, prepotenti...

Mo pensava che su Deneb due figli cosí nevrastenici sarebbero stati portati con i genitori sulla Montagna, dove il piú vecchio e saggio dei Sapienti avrebbe preso in cura l'intera famiglia fino a eliminare le cause che rendevano i suoi membri piú giovani cosí inquieti e poco amabili.

Ma la cosa piú strana per Mo era che i signori Brandi (la madre e la nonna a dire la verità, perché il padre si interessava poco dei due piú piccoli che quando lui rincasava la sera erano già a letto) si preoccupavano solo per il carattere di Cecilia.

Ai capricci di Luigi sorridevano, magari gli allungavano uno scapaccione, ma lo consideravano un bambino dal comportamento perfettamente normale. Spesso anzi sua madre se ne andava in giro tutta fiera a raccontare le imprese di quella peste.

La povera Cecilia invece non aveva una vita altrettanto facile. Con la scusa che «ormai era una donnina» pretendevano che avesse cura dei propri vestiti. Se li sporcava o strappava arrampicandosi sul cancello o andando in bicicletta, sua madre e sua nonna la mettevano in castigo. Se poi si azzardava a fare la lotta con qualcuno, erano tragedie.

Ma vivere insieme a quel prepotente di Luigi senza fare la lotta con lui, anche solo per difendersi, era praticamente impossibile. Gli adulti però avrebbero preteso che Cecilia si lasciasse tirare i capelli, rompere i giocattoli, portar via la bicicletta, morsicare, senza reagire e senza passare a vie di fatto.

Le era permesso soltanto piangere e correre dalla mamma

in cerca di aiuto, ma anche l'aiuto spesso le veniva negato, perché: «... Luigi è piccolo, e poi è tanto vivace, e tu perché pretendi di fare giochi da maschio?...» e via di seguito.

Caterina da piccola, raccontava la nonna, era stata molto piú docile.

Non aveva mai preteso di competere con Andrea e non aveva creato problemi a sua madre. Invece quella piccola furia di Cecilia non voleva saperne della sua parte di «donnina giudiziosa». Strillava, picchiava, morsicava, andava a nascondersi per delle mezze giornate nel garage o in soffitta, mettendo l'intera famiglia in grande agitazione. Sua madre era disperata, ma la nonna, che aveva piú esperienza per aver visto crescere tante figlie e nipoti, la rassicurava che crescendo anche Cecilia avrebbe messo giudizio.

– Purché non diventi come Anna! – sospirava sua madre. Anna era la sorella minore delle signore Brandi e Olivieri. Mo non l'aveva ancora conosciuta, perché frequentava poco i parenti, ma aveva capito che era considerata la pecora nera della famiglia.

A Mo Cecilia in fondo era simpatica. Capiva che per lo piú era la prepotenza di Luigi e l'indulgenza che i grandi avevano per lui (e non per Cecilia) a renderla nevrastenica. Anzi, gli piaceva proprio perché era un tipo vivace e intraprendente, e non capiva perché questo per i grandi fosse un difetto.

Caterina in confronto era una gatta morta e qualche volta Mo aveva voglia di pungerla con uno spillo per farla reagire.

Anche a Cecilia piaceva Mo e andavano molto d'accordo, nonostante la differenza di età.

Questo fatto veniva guardato con compiacimento dalla signora Lucilla. Non aveva ancora perso le speranze che Mo, in fondo, si rivelasse una femmina, e le pareva che questo occuparsi con pazienza di un bambino piú piccolo fosse un «sintomo» di femminilità.

Suo marito però le faceva notare che Mo non si occupava affatto di Luigi. Eppure Luigi era piú piccolo di Cecilia e poi era un bel bambino ricciuto e tutte le donne adulte impazzivano per lui.

A Mo invece Luigi era antipatico. Poveretto, forse non era colpa sua, ma non poteva sopportare che le avesse tutte vinte e che non tenesse in alcun conto i desideri e le esigenze degli altri. Perciò, le rare volte in cui glielo affidavano, Mo era inflessibile con Luigi. Con la conseguenza che il bambino non lo poteva soffrire e appena lo vedeva si metteva a strillare.

Cosí che finirono per tenerglielo alla larga, e il signor Nicola da questo fatto deduceva che Mo, dal carattere cosí deciso, inflessibile e insofferente, era certamente un maschio.

5.

Una domenica mattina, mentre Mo faceva colazione con i signori Olivieri, si sentí sbattere violentemente il cancello del giardino. Poi da basso arrivò un suono di risate, e la voce della nonna che esclamava: – Anna! Ma quando imparerai a muoverti con un po' di grazia?

Dal tono allegro però si capiva che la nonna era contenta della visita.

Mo corse alla finestra per vedere la nuova arrivata, ma questa era già entrata dentro casa.

Si sentí sbattere un'altra porta, e ancora uno scoppio di risa.

– Cosa avrà da ridere quella ragazza! – osservò con disappunto il signor Nicola. – Se si decidesse una buona volta a fare la persona seria! Ormai ha venticinque anni!

– Eh, purtroppo è un gran dolore per la mamma, – sospirò la signora Lucilla. – Proprio Anna, che era la sua preferita.

– Cosa ha fatto Anna di cosí terribile? – chiese Mo pieno di curiosità. Sospettava che Anna fosse una ladra, una assassina, o una persona frivola che non prendeva niente sul serio, una fannullona che non voleva saperne di lavorare. Non aveva mai fatto domande prima per paura di affrontare un argomento proibito, ma quel giorno erano stati loro a cominciare il discorso...

– Di terribile? Niente. Solo che è andata a vivere da sola e non si decide a sposarsi.

«Tutto qui?» pensò Mo. Su Deneb c'era una quantità di gente che viveva da sola e non si sposava. Nessuno si era mai preoccupato per questo.

– Vedi, non è solo quello, – spiegò il signor Nicola. – È che Anna studia troppo. E questo non va molto bene per una donna. Piú avanti se ne pentirà.

– Perché se ne pentirà?

– Perché si accorgerà di aver sprecato la giovinezza sui libri; si ritroverà sola e nessun uomo vorrà piú saperne di lei. Se invece di leggere tanto si desse da fare per trovare marito!

– Ma va ancora a scuola?

– No. Lavora all'Osservatorio astronomico e passa lí dentro tutto il tempo. Se esce, va a una conferenza, a vedere un film impegnato, a parlare con dei professori vecchi barbogi... Mai a passeggio, mai a ballare, mai dal parrucchiere... Vedrai com'è conciata. E finirà anche per rovinarsi gli occhi, sempre attaccata a quei telescopi.

Mo pensò che la risata che aveva sentito non sembrava

quella di una persona scorbutica, ma qualche volta le risate ingannano.

«Anche l'aspetto, – pensò un'ora dopo, – qualche volta inganna».

Anna si era annunciata in casa Olivieri con una lunga scampanellata e ora stava seduta sul bordo del letto nella camera di Mo. Indossava un paio di pantaloni e un maglione e non era truccata. I suoi capelli non denunciavano la mano del parrucchiere e le sue scarpe avevano i tacchi bassi. Ma era ugualmente molto bella e simpatica, non certo un tipo da far fuggire gli uomini.

Almeno, Mo la pensava cosí.

E cosí era, perché con grande sorpresa della signora Lucilla Anna li informò che si sarebbe sposata entro il mese.

– Grazie al cielo! – sospirò la sorella maggiore abbracciandola. – Chissà che gioia per la mamma!

La nonna infatti era raggiante. – La pecora pazza è tornata all'ovile, – ripeteva abbracciando la figlia minore.

E la signora Brandi le disse: – Vedi che era tutta una recita, prima! Avevi anche tu una voglia matta di sposarti, solo che non trovavi abbastanza intellettuale confessarlo.

– No, davvero! – rispose Anna. – Prima non ne avevo proprio nessuna intenzione. Forse perché non avevo conosciuto Marco. Vedrai com'è bello!

– Senti questa! – osservò burbera la nonna. – Un uomo non deve essere bello. Non è mica un soprammobile! Tu piuttosto, se ti occupassi un po' di piú del tuo aspetto, faresti meglio. Comunque mi auguro che tuo marito sia una persona seria e un buon lavoratore.

– Temo che non sia né l'uno né l'altro, – sospirò ridendo Anna. – Come può essere serio uno che di mestiere racconta storie per far ridere la gente?

Risultò che questo Marco faceva lo scrittore, e precisamente lo scrittore di libri umoristici. In piú componeva canzoni. La nonna strinse le labbra disapprovando.

– Ma dove te lo sei andata a cercare?

Quando però sentí che con i libri e le canzoni Marco guadagnava come un vice direttore di banca, tornò subito allegra: – Quando ce lo farai conoscere?

– Piú tardi. Passa a prendermi alle cinque e cosí lo vedrete.

Le piú curiose di conoscere il futuro cognato erano le signore Brandi e Olivieri. Non parlarono d'altro per tutto il giorno.

Anna invece, una volta fornite tutte le notizie che riteneva necessarie, se ne andò in garage a chiacchierare con i nipoti. Volle sapere tutto di Mo, e quando si arrivò alla faccenda del sesso si mise a ridere divertita. Poi si fece seria: – Non è facile per te, vero Mo? È già cosí dura per noi donne...

Ma non essere NEMMENO una donna deve essere terribile, vero?

– Mo se la cava benissimo, – lo difese subito Caterina.

– Ed è in gamba quanto un maschio, – puntualizzò Andrea.

– Non ne dubito, – rispose la zia, – comunque in fondo non è un fatto molto importante –. E con questo l'argomento fu chiuso.

Parlarono invece moltissimo di Deneb e del viaggio interstellare di Mo. Anna era uno dei pochi terrestri che si intendesse un poco di rotte galattiche e fece delle domande intelligenti.

Era appassionata del suo lavoro di astronoma e aveva una idea fissa.

Voleva riuscire a filmare la coda di una certa stella cometa, per studiarne al rallentatore il movimento e la composizione.

– Ci riuscirò, vedrete, – diceva con serietà, come se parlasse con degli adulti, – dovessi fare il giro del mondo in autostop per raggiungere l'Osservatorio di Monte Palomar.

Persino Andrea pendeva dalle sue labbra.

Alle cinque in punto, spingendo il cancello con cautela, entrò in giardino il fidanzato atteso con tanta curiosità. Era davvero un uomo molto bello, pensò Mo, abbastanza bello perché una donna si decidesse a sposarsi anche se prima non ne aveva avuto intenzione.

Marco aveva gli occhi luminosi e le guance lisce, una bocca infantile sempre sorridente e la voce un po' bassa, come se cantasse sottovoce.

Era alto e snello e si muoveva leggero, con grazia, come un ballerino.

– Che tipo strano! – commentò sottovoce la nonna stringendo le labbra.

– Cosa ci si poteva aspettare da uno che scrive canzoni! – disse la signora Lucilla. Anna invece non nascondeva di ammirarlo moltissimo: – Non avrei mai pensato che una simile fortuna toccasse a me, – continuava a ripetere tenendolo per un braccio.

Alla fine anche la madre e le sorelle si intenerirono e congedarono i due fidanzati con un monte di auguri.

– Sembra un buon ragazzo, – commentò la signora Lucilla. – In fondo deve essere intelligente, e poi hai visto com'è gentile?

– Troppo gentile, – disse la nonna. – Non è certo il tipo di marito che avrei scelto per mia figlia. Ma se a lei piace!... Comunque è sempre meglio di quei dannati telescopi!

– Vedrai che adesso, col matrimonio, lascerà perdere l'Osservatorio e i libri! – concluse la signora Brandi.

6.

Mancava ormai poco alla data che avrebbe definitivamente dissipato il Grande Dubbio, quando arrivò in casa Olivieri un biglietto del dottor Gil.

Quando trovò nella cassetta della posta la busta con l'intestazione del Laboratorio di Ricerche Denebiane, la signora Lucilla fu presa da un forte batticuore. Pensava che contenesse la risposta all'esame del sangue di Mo.

Quale non fu la sua delusione nel leggere le poche righe contenute nel biglietto!

Il dottor Vincenzo Gil informava con rammarico che purtroppo il professor Mc Slow non sarebbe rientrato alla data prevista. Infatti, durante le sue vacanze nell'Africa nera aveva trovato una tribú di pigmei che viveva ancora allo stadio dell'età della pietra o quasi. Poiché era interessatissimo a quel tipo di civiltà per i suoi studi antropologici, aveva deciso di fermarsi con loro per studiarne le usanze. Aveva comunicato al Laboratorio che non sapeva quanto sarebbe durata la sua ricerca e che quindi lo considerassero in trasferta per un tempo indefinito. Naturalmente non poteva essere raggiunto né col telefono né col telegrafo. Bisognava aspettare che fosse lui a farsi vivo. Perciò, a meno che i signori Olivieri non volessero partire anche loro per l'Africa e mettersi alla sua ricerca, dovevano rassegnarsi a ignorare chissà ancora per quanto tempo di che sesso fosse Mo.

Il signor Nicola era deluso e furibondo; aveva la sensazione di essere stato preso in giro. Ma una telefonata all'I.R.T.D. confermò che effettivamente il professor Mc Slow non era rientrato alla data prevista e che aveva richiesto un prolungamento indefinito della trasferta.

Nessun altro scienziato era in grado di effettuare quell'esame. Non restava altro da fare che rassegnarsi.

Da principio non dissero niente a Mo, che quando era arrivato il biglietto era ospite della zia Anna per il fine settimana. Temevano di dargli una delusione troppo grande, ma allo scadere del mese furono costretti a informarlo.

Mo però non parve deluso o preoccupato. Solo un po' seccato di dover continuare ancora a lungo quella «commedia».

– Non ci si potrebbe regolare in qualche altro modo? – chiese quella notte alla signora Lucilla prima di addormentarsi. – Non potrei finalmente essere me stesso e finirla una volta per tutte di fingere di essere questo o quello?

– Hai ragione, Mo, – esclamò la sua madre adottiva in tono risoluto. – È ora che la smettiamo di recitare tutti quanti! Se non ci viene in aiuto la scienza denebiana, vuol dire che ci rivolgeremo a quella terrestre. Tu dormi tranquillo che ci penso io!

Piú tardi affrontò con decisione l'argomento con suo marito: – La settimana prossima, – disse, – porto Mo dallo psicologo. Me ne hanno consigliato uno bravissimo: è quello che tiene la rubrica «Conoscere se stessi» sui rotocalchi delle edizioni Slumper. Gli ho già telefonato e ho fissato un appuntamento per lunedí prossimo. Sottoporrà Mo a un certo numero di test e in base alle sue reazioni scoprirà se è un maschio oppure una bambina.

– Lo potrà dimostrare con sicurezza? – chiese il signor Nicola.

– Con assoluta sicurezza. La psicologia è una scienza come tutte le altre. Se eri disposto a credere a un esame cromosomico, perché non dovresti credere a un esame psicologico?...

– Hai ragione. Mi dispiace solo che questa idea non ti sia venuta in mente prima.

Anna non era dello stesso parere. Quel giorno era andata a pranzo da sua madre e il pomeriggio era salita a salutare la sorella. – Secondo me quel professor Dotto non è un vero scienziato. Io non mi fiderei troppo, – disse, quando fu informata della nuova iniziativa della signora Lucilla.

– Ma se scrive da dodici anni sui giornali della Slumper!

– Infatti. Uno studioso serio non interpreta la personalità di una persona da un solo sogno raccontato per lettera. Sognare un cavallo può significare una cosa molto diversa per uno che è andato sempre in automobile e per uno che dirige un maneggio. Ma lui se ne infischia di sapere questi dettagli. Per lui il cavallo significa sempre la stessa cosa... E poi, questo fatto di riconoscere il sesso dal carattere mi sembra una gran fesseria!

– Tu dici cosí per puro spirito di contraddizione. Perché non hai mai sopportato i settimanali di Slumper. Non sono abbastanza intellettuali per te...

– Non è che non sono intellettuali; è che non ti danno delle informazioni esatte. Comunque fate come vi pare: non sono affari miei. Solo mi pare che dovreste chiedere l'autorizzazione dei genitori di Mo.

La signora Lucilla non ci pensava neppure. Quei denebiani certo non sapevano neppure cos'era la psicologia! E poi pensava che avevano perso ormai già troppo tempo per permettersi di aspettare una risposta da Deneb.

Appena Anna se ne fu andata, ricevettero la visita della

signora Brandi: – C'è la mamma tutta scombussolata! – annunziò con soddisfazione.

Piú che scombussolata, la nonna era indignata contro Marco e soprattutto contro Anna che «gliel'aveva portato in casa».

Era successo questo. A tavola Anna aveva tirato fuori una fotografia fatta qualche giorno prima a una festa mascherata, dove, raccontava, lei e Marco si erano divertiti moltissimo.

Nella foto c'era Anna vestita da ufficiale prussiano, con un bel paio di baffi disegnati col carboncino e una divisa piena di decorazioni. Stava benissimo, e la nonna e la mamma le avevano fatto un sacco di complimenti.

– E Marco dov'è? – aveva chiesto la signora Brandi non riuscendo a riconoscere il futuro cognato nel gruppo delle maschere. – Eccolo! Guarda come stava bene! – aveva esclamato Anna indicando sulla fotografia una castellana medioevale con un copricapo ricoperto di perle.

Questo fatto, che Marco si fosse mascherato da donna, aveva mandato in bestia la nonna. – Che vergogna, che vergogna, – ripeteva, – con che uomo ti sei andata a mettere!

Anna rideva, ma tutta la famiglia Brandi era d'accordo con la nonna.

– Ma scusa, – chiese Mo piú tardi, – non ti sei arrabbiata perché Anna si è mascherata da uomo. E nell'album delle foto ne ho viste tante della mamma e delle zie da piccole, mascherate da pirati, da marajà, da Arlecchino...

– Non ne avrai certo viste di tuo padre o di tuo zio mascherati da fata o da damina dell'Ottocento...

Infatti non ne aveva viste. Anche il padre e lo zio da piccoli a carnevale si erano vestiti da pirata, marajà e Arlecchino. Mo però continuava a non capire.

– Se non hai trovato niente da ridire perché Anna si è vestita da ufficiale prussiano, perché trovi indecente che Marco si sia vestito da castellana?

– Vedi, Mo, – spiegò la signora Brandi, – non c'è niente di male che una bambina o una ragazza ogni tanto desideri di travestirsi da uomo. Le sembra di essere piú forte, piú decisa, e poi è un gioco... Ma un maschio che desidera travestirsi da donna non è normale. È degradante... Ognuno dovrebbe desiderare di sembrare meglio di quello che è, non di peggiorare...

– Perché, essere una donna vuol dire essere peggio?

– Cosa c'entra? È che è una cosa diversa, ecco.

Mo, a dire la verità non aveva capito bene la differenza. Ma aveva capito che da quel giorno la stima per Marco in famiglia era molto diminuita.

7.
....

Qualche giorno dopo la signora Lucilla disse a Mo che lunedí non l'avrebbe mandato a scuola, ma lo avrebbe portato da un dottore per sottoporlo a un esame sostitutivo di quello che il Laboratorio di Ricerche Denebiane non era in grado di fare.

– Tu sai, – spiegò, – che la presenza di certi elementi nel tuo sangue ci avrebbe detto a che sesso appartieni. I laboratori terrestri non sono in grado di identificare questi elementi. Ma i nostri psicologi sono in grado di riconoscerli nella tua psiche. Cioè di identificare altri elementi caratteristici della psicologia femminile oppure di quella maschile. L'esame sarà diverso, ma il risultato sarà uguale.

A Mo il discorso non pareva troppo convincente. A scuola, su Deneb, aveva studiato che ogni individuo differisce dall'altro a seconda della educazione ricevuta, delle abitudini, delle qualità fisiche e mentali ereditate dai genitori, dell'ambiente in cui vive... e che maschi e femmine differiscono soltanto nell'apparato riproduttore, cioè in quegli organi che servono a far nascere nuovi bambini.

Non capiva cosa c'entrassero col sesso queste differenze psichiche di cui parlava la signora Lucilla.

Comunque era disposto a concederle la sua fiducia, pur di farla finita. Aveva anche un po' di paura perché capiva che non solo l'esito dell'esame gli avrebbe assegnato una «parte» fissa, un ruolo definito a cui uniformarsi per tutta la durata del suo soggiorno sulla Terra, ma si rendeva conto, in modo ancora non del tutto chiaro, che quell'esame implicava anche in un certo senso, un giudizio di valore.

Infatti sospettava che uno dei due «ruoli» possibili fosse ritenuto dai terrestri migliore dell'altro. Cosí che se fosse risultato che lui, Mo, apparteneva invece al «sesso di grado inferiore» le aspettative dei suoi genitori terrestri e di tutto il parentado sarebbero andate deluse. Anche quelle della signora Lucilla, nonostante ripetesse sempre quanto le sarebbe piaciuta una figlia femmina.

E naturalmente, come ogni ragazzino della sua età, Mo desiderava con tutte le sue forze l'approvazione e il consenso degli adulti che gli stavano attorno.

Per fortuna il lunedí era un giorno dispari. Mo quella mattina mise una grande cura a vestirsi e a pettinarsi da maschio, nella inconfessata speranza di influenzare almeno un poco con l'apparenza lo psicologo che lo avrebbe esaminato e giudicato.

Anche la signora Lucilla era molto nervosa. Si rendeva conto di aver agito male a non informare i genitori di Mo, ma per lei il dubbio ormai era diventato intollerabile.

Si sforzava di essere di mentalità aperta, come le aveva raccomandato Anna, ma la vita quotidiana presentava una enorme quantità di piccoli problemi, insignificanti forse se presi uno per uno, ma la cui somma minacciava di sconvolgere l'equilibrio della sua famiglia.

Fu perciò con un senso di liberazione che si accomodò sulla poltrona nello studio dell'illustre psicologo.

Il professor Sofronio Dotto infatti per rincuorarla aveva appena ripetuto che, dall'esame che stava per cominciare, sarebbe derivata per Mo una risposta chiara e inequivocabile.

Mo aspettava in piedi accanto alla porta, molto piú imbarazzato di quanto non lo fosse col dottor Gil. Questo ambulatorio non aveva apparecchiature cromate, né pannelli con bottoni e luci elettroniche. Sembrava piuttosto un salotto all'antica, con poltrone, quadri, e un basso divano di pelle.

Avrebbe dovuto essere un ambiente intimo e confortevole, ma chissà perché a Mo dava la sensazione di una trappola.

Dopo i primi convenevoli (Mo capí benissimo che la signora Lucilla e il professore avevano già parlato a lungo di lui per telefono), ebbe inizio l'esame.

Ma ascoltiamone il resoconto che lo stesso Mo ne dette quella sera in una lettera a suo fratello (o sorella?) Tar.

Car Tar,

nella mia ultima lettera ti avevo scritto che avrei dovuto fare un esame psicologico. Be', non potresti mai immaginare come si svolgono questi esami sulla Terra!

Tanto per cominciare il professore ci ha salutato, me e la signora Olivieri, e ci ha fatto sedere. Dopo di che per almeno cinque minuti non si è occupato piú di noi. Si è messo a guardare con aria assorta fuori della finestra, giocherellando con la penna senza dire una parola. Io già stavo pensando che era un bel maleducato a lasciarci lí come due cretini, quando, all'improvviso, ha preso un soprammobile dalla scrivania e me l'ha tirato addosso.

«Altro che maleducato! Questo è un pazzo furioso!» ho pensato, e mi sono scansat in tempo. Naturalmente il soprammobile – era un cavallo alato di porcellana – ha colpito la gamba del divano ed è andato in mille pezzi. Quello mi ha guardato furioso, poi si è trattenuto e senza dire niente ha scritto qualcosa su una scheda che aveva davanti.

La signora Lucilla, che era stupita quasi quanto me, gli ha chiesto perché lo avesse fatto, e lui si è degnato di spiegare: – È un'antica prova medioevale, di cui però si riconosce ancora la validità scientifica. Per smascherare le donzelle travestite da cavalieri e viceversa, si aspettava che fossero seduti e poi si lanciava loro un oggetto in grembo. Le donne aprivano le ginocchia per parare la sottana ad accoglierlo, e l'abitudine era tanto radicata che lo facevano anche se indossavano i pantaloni. Gli uomini le accostavano, per afferrare l'oggetto stringendolo fra le gambe. Molti impostori vennero smascherati in questo modo.

E cosí, dopo aver cercato di colpirmi a tradimento con un cavallo alato, mi dava anche dell'impostore...

Naturalmente la signora ha voluto sapere cosa aveva dimostrato la mia reazione.

– Che è un maleducato, – ha risposto il professore, – e che non ha molto rispetto per gli oggetti degli altri. Comunque l'ho classificata come «reazione non prevista».

Poi ha continuato la visita, ma non mi ha fatto piú dei test a tradimento. Forse era molto affezionato agli altri soprammobili dello studio e non voleva correre il rischio di fracassare tutto.

Mi ha fatto fare una quantità di giochetti strani. Se non fossi stat un po' preoccupat, mi sarei anche divertit.

Non capisco però cosa c'entrassero col fatto di essere maschio o femmina.

Senti un po': mi ha mostrato diverse strutture di alluminio a forma di cerchio e di triangolo, e mi ha detto di sceglierne una. Erano delle strisce cosí sottili, che ho preso il cerchio e l'ho piegato a forma di rettangolo. Lo sai anche tu che è la mia figura preferita, ma lui si è arrabbiato, forse perché temeva che gli rovinassi le attrezzature. Poi mi ha dato delle casette di legno e mi ha detto di formare un villaggio. Naturalmente le ho messe in pila una sull'altra. Non gli andava bene neanche questa: secondo lui le dovevo disporre sul piano del tavolo sparse, oppure raggruppate. Avevo un bello spiegargli che a Deneb le abitazioni sono sovrapposte perché la forza di gravità funziona in modo diverso!

Mi ha ordinato di guardarmi le unghie delle mani, immediatamente, senza pensarci. Ho guardato l'unghia del pollice destro perché la mattina me l'ero pestata con la portiera dell'automobile. In fondo poi le unghie sono tutte uguali e guardarne una è come guardarle tutte. Il professore si è messo a strillare: – Dovevi guardarle o voltando verso di te i pugni chiusi, o stendendo i palmi aperti rivolti verso terra! Mi scombussoli tutta la scheda meccanografica con queste reazioni idiote!

Che fossero idiote, lo diceva lui. A me sembravano logiche e gliel'ho detto. Che ci pensasse lui a interpretarle. In fondo era lui l'esperto, non io.

Poi mi ha mostrato una specie di trottola a spicchi di tutti i colori, e mi ha chiesto quale colore preferivo. L'ho fatta girare per ottenere il bianco che è il mio colore preferito. Neanche questa andava bene! Vuoi sapere quali altri test mi ha fatto?

Disporre dei fiori in un vaso, aggiustare una lampada rotta, completare con una frase dei fumetti lasciati in bianco, interpretare il significato di alcune macchie, misurare ad occhio il peso e la lunghezza di oggetti diversi, sfogliare una margherita, mordere una pera tenendo le mani allacciate dietro la schiena, dividere a mente per 3,14 un numero di sette cifre, vestire una bambola, piegare una chiave di metallo tenero, fischiare con due dita in bocca, toccarmi il calcagno sinistro col gomito del braccio destro passando dietro alla schiena... e tanti altri che non mi basterebbe la carta a scriverli.

Molte di queste prove erano già state pubblicate sui giornali e perciò la signora Olivieri le conosceva anche lei e sapeva la risposta giusta, ma naturalmente non poteva suggerirmela. Però si accorgeva che per lo piú la mia reazione non andava bene e si vedeva che era molto delusa.

Io non volevo farle fare brutta figura, ma non sono riuscit a capire cosa volessero da me.

A ogni test il professore scriveva qualcosa sulla scheda.

Qualche volta sembrava contento e diceva tra sé: «... come volevasi dimostrare...» Subito dopo però faceva una faccia che chiunque avrebbe capito che non riusciva a raccapezzarsi.

Per concludere, car Tar, temo che la nostra psicologia denebiana sia troppo complicata per i terrestri, anche se sono professori.

Ti riscriverò al piú presto, appena avrò saputo l'esito dell'esame.

... Pensa che fra qualche giorno avrai un fratello o una sorella! Te lo saresti mai aspettato?

Come stanno i miei drogopildi? Hanno nostalgia di me? Io ne ho tanta di tutti voi.

Bacioni, Mo

8.

Effettivamente alla fine dell'esame il professor Dotto aveva contemplato la scheda con aria desolata e si era abbandonato contro lo schienale della poltrona sospirando:
– È meno semplice di quanto pensassi!

Poi mostrò la scheda alla signora Lucilla. Era un cartoncino diviso a destra in tre colonne. A sinistra c'era l'elenco dei test. Una colonna era sormontata dalla lettera M e lí andavano segnate con una crocetta le «risposte tipiche della psicologia maschile».

L'altra colonna era sormontata dalla lettera F, e vi andavano segnate le risposte che rivelavano una «psicologia femminile».

La terza colonna portava in cima la lettera I, che significava «imprevisto» e vi si annotavano tutte le risposte che non erano ancora state codificate come caratteristiche di uno dei due sessi.

La maggior quantità di crocette sotto la lettera M significava che il soggetto esaminato doveva ritenersi di sesso maschile, mentre se le crocette erano piú numerose sotto la F, la paziente risultava essere femmina.

La quantità delle reazioni «impreviste» normalmente non doveva superare il 2% delle altre.

Ma la scheda di Mo non rispettava in alcun modo queste percentuali. Infatti su 237 test (tanti erano quelli effettuati nel corso dell'esame), dieci avevano avuto risposte di tipo M, altrettanti risposte di tipo F, e ben 217 avevano ottenuto «reazioni non previste».

C'era da mettersi le mani fra i capelli! Il professore però era calvo.

Davanti allo sguardo deluso della signora Lucilla, lo psicologo raddrizzò con decisione la schiena ed esclamò:
– Nulla è impossibile alla scienza! Anzi, forse il caso di Mo servirà da stimolo a nuovi e affascinanti traguardi! Sono sicuro che a un esame piú approfondito questa scheda non solo ci rivelerà il sesso del giovane paziente straniero, ma allargherà la nostra conoscenza permettendoci di separare in modo ancora piú chiaro e definito la personalità maschile da quella femminile!

Poi congedò Mo e la signora Lucilla con la promessa che per il pomeriggio dell'indomani avrebbe fornito loro i risultati dell'analisi.

Quel pomeriggio, mentre i ragazzi erano soli nella parte

dello scantinato adibita a stanza dei giochi, Caterina propose un nuovo gioco. Si trattava di trascrivere su un taccuino tutte le prove a cui Mo era stato sottoposto dallo psicologo e di ripeterle a tutti i conoscenti come un giochetto di società, senza dire di cosa si trattava.

I gemelli possedevano alcuni manuali di giochi da fare in tutte le occasioni: all'aperto, in caso di pioggia, al buio o su un'auto in movimento. Ma nessuna di queste raccolte conteneva 237 giochi cosí interessanti come quelli del professor Dotto.

I tre ragazzi si divertirono moltissimo sottoponendo ai test i due fratelli piú piccoli, il portalettere che era venuto a portare una raccomandata, la donna delle pulizie, persino la nonna...

Evidentemente però né Mo né i suoi due cugini terrestri erano dei buoni psicologi e non sapevano eseguire alla perfezione i test.

Infatti nessuno degli uomini sottoposti al gioco dette risposte tutte catalogabili sotto la *M* e nessuna donna forní risposte tutte di tipo *F*. Inoltre, il numero delle reazioni non previste, anche se non enorme come nella scheda di Mo, era sempre molto superiore al 2%, come sarebbe stato normale secondo il professor Dotto.

La nonna, per esempio, ebbe 15 reazioni di tipo *F*, 52

reazioni impreviste e ben 170 reazioni di tipo M. Perciò i nipoti, riferendosi anche al fatto che era noiosa con le sue prediche e che quando li baciava li pungeva, la soprannominarono segretamente «Il generale barbone».
Quanto al professor Dotto, non passò un pomeriggio altrettanto divertente. Le reazioni di Mo lo avevano veramente sconcertato. Mai, in tutta la sua carriera, gli era capitato un paziente tanto poco comprensibile!

Neppure la scheda della donna barbuta lo aveva messo tanto in imbarazzo.

Dopo una notte di dubbi ed esitazioni, si decise a vincere l'orgoglio professionale e chiese un consulto ai suoi tre colleghi piú famosi di tutta la nazione. Colleghi-rivali, perché ognuno di loro era seguace di un «maestro» diverso e diversissime erano le rispettive teorie. Ma davanti a una scheda interessante come quella di Mo e davanti al caso del primo denebiano esaminato sotto quel profilo, ogni rivalità cadde e l'interesse comune per la scienza affratellò i quattro studiosi della psiche.

I quali, dopo una intera mattinata di controlli al computer, consultazioni di sacri testi, telefonate intercontinentali, litigi e riconciliazioni, dispute altamente scientifiche, conferme esaltanti delle proprie teorie e strette di mano trionfali, compilarono il seguente referto che entro le 24 ore promesse fu recapitato alla famiglia Olivieri:

SEBBENE AFFETTO DA PERICOLOSA SENSIBILITÀ, DA ECCESSIVO SPIRITO DI COLLABORAZIONE, DA INCONSUETE DISPONIBILITÀ AFFETTIVE E DA UNA STRANA INTUIZIONE, PER LO SPIRITO DI INIZIATIVA, LA CHIAREZZA LOGICA, LA FORZA MORALE, LA AGGRESSIVITÀ, LA FANTASIA CREATRICE, L'ORIGINALITÀ, L'INDIPENDENZA, L'INTOLLERANZA DI SCHEMI PRECOSTITUITI, IL SENSO ESTETICO SVILUPPATO, LA FIEREZZA D'ANIMO, IL PAZIENTE ESAMINATO DEBBESI CONSIDERARE APPARTENENTE AL *SESSO MASCHILE*.

Infatti dagli sforzi riuniti dei quattro scienziati era risultato che tutte le risposte che Dotto aveva catalogato sotto la lettera *I*, dovevano invece per la loro «ORIGINALITÀ E INTOLLERANZA CREATIVA DI SCHEMI IMPOSTI» (qualità tipicamente maschili) venir spostate sotto la lettera *M*.

Con questo apporto, le reazioni che denotavano una psicologia di tipo maschile ottenevano una vittoria schiacciante su quelle di tipo femminile. Mo era un maschio!

L'entusiasmo e i festeggiamenti che seguirono l'arrivo di questo responso in casa Olivieri non c'è bisogno che ve li descriva io.

Li potete immaginare benissimo da soli.

III.

EVVIVA, È NATO UN MASCHIO

1.

Un mese dopo gli avvenimenti descritti nel capitolo precedente, la vita del ragazzino Mo era completamente cambiata.

Le cose ora sembrava che andassero cosí lisce da fargli quasi dimenticare le difficoltà incontrate nel suo primo periodo sulla Terra. Però ogni tanto Mo rifletteva su quanto gli era capitato e cercava di trarne delle conclusioni, ma non era facile.

Infatti mai come in questo periodo in cui tutti sembravano capirlo e circondarlo di approvazione, Mo trovava i terrestri strani e incomprensibili nelle loro azioni quotidiane.

Prima preoccupazione della signora Lucilla dopo i festeggiamenti per la «mascolinità» di Mo, era stata quella di restituire a Caterina tutti gli abiti e accessori presi in prestito per il «periodo del dubbio».

Operazione che aveva svolto con evidente sollievo, mentre invece a Mo dispiaceva disfarsi di alcuni abiti colorati, di una camicia a quadri bianchi e rosa, della corda per saltare, della busta di nastri e fermagli per capelli!

I capelli! Questo era stato un altro bel problema.

Ora che Mo era definitivamente e senza dubbio un ragazzo, non poteva andarsene in giro con i capelli sciolti sulle spalle, tanto piú che la frangia davanti – diventata lunga e non trattenuta da nessuna forcina – gli impediva di vederci bene e rischiava di fargli venire gli occhi storti.

Bisognava proprio tagliarli. Ma poiché non ci riuscirono neppure con le forbici o il rasoio piú affilati, dovettero chiedere istruzioni all'I.R.T.D.

Gli esperti risposero che se i capelli denebiani non potevano essere tagliati, potevano però essere bruciati.

Cosí il povero Mo fu portato da un parrucchiere di lusso del centro, il quale con l'aiuto di una piccola fiamma gli accorciò i capelli ciocca per ciocca, fino a ridurgli la testa non esattamente come quella di Andrea (perché a candela il taglio «marines» che tanto piaceva al signor Olivieri non si poteva fare: era pericoloso avvicinarsi troppo alla cute con la fiamma), ma almeno come quella del riccioluto Luigi. O anche, pensava Mo guardandosi sconsolato allo specchio, come quella di un can barbone mal tosato.

Già era di pessimo umore a causa dei capelli, ma il colpo di grazia glielo dette la signora Lucilla, quel giorno, al momento di mandarlo a letto.

Come d'abitudine, indossato il pigiama, Mo andò a

prendere la sua bambola di pelliccia per portarsela accanto sul cuscino. Ma quella sera nella camera da letto (di cui per fortuna non avevano dovuto sostituire l'arredamento con uno più frivolo e femminile) della bambola non c'era neanche l'ombra.

Mo cercò e cercò, aprendo i cassetti, ficcando la testa sotto il letto, arrampicandosi allo scaffale per guardare in cima all'armadio, fino a che la signora Lucilla si affacciò alla porta e gli chiese: – Cosa cerchi, che sembri un'anima in pena?

– La mia bambola di pelliccia, – rispose Mo dall'alto dell'armadio.

– Oh, quella! – rispose la signora Lucilla. – L'ho regalata a Cecilia. Le piaceva tanto, poverina!...

– Come ti sei permessa di regalare la *mia* bambola! – gridò Mo incredulo.

– Credevo che tu fossi affezionato a Cecilia... – lo rimproverò la signora. – E poi non era il caso che continuassi a giocare con le bambole come una femminuccia!

Be', a farla breve, non ci credereste, ma la signora Lucilla non riusciva a convincersi di aver fatto un'azione poco corretta e anche crudele dando via la bambola di Mo senza il suo permesso.

Insisteva che i maschi non devono giocare con le bambole, che era una vergogna che Mo si disperasse tanto. Prometteva che gli avrebbe comprato qualsiasi giocattolo avesse chiesto, purché adatto a un ragazzo, ma che era meglio per tutti (e sottolineava quel *tutti*), che Mo non si facesse piú vedere in giro con una bambola in mano.

Mo, dal canto suo, cosa volete, a quella bambola era affezionato. L'aveva fin da quando era piccolo (era un regalo di suo padre per il suo dodicesimo compleanno); l'aveva portata con sé da Deneb, era abituato a dormirci abbracciato... Non voleva a nessun costo rinunciarvi per un incomprensibile pregiudizio terrestre.

E in quel momento malediceva in cuor suo il responso «favorevole» del professor Dotto, che lo aveva «promosso» maschio.

Diremo subito che qualche giorno piú avanti Mo riuscí a corrompere Cecilia con una fionda, un copricapo da pellerossa e quattro biglie di vetro, e si fece ridare indietro la bambola. La nascose in fondo al cassetto piú basso della cassettiera e la tirò fuori per giocarci solo quando era assolutamente sicuro che nessuno potesse vederlo.

Ma quella sera era talmente dispiaciuto e arrabbiato con la signora Lucilla, che rifiutò di scendere dall'armadio per andare a letto, pianse fino a farsi gonfiare gli occhi e disse anche due o tre parolacce in lingua denebiana. Ma nessuno poteva scandalizzarsene perché nessuno era in grado di capire quella lingua. E se l'avesse sentito il dottor Gil, senza dubbio lo avrebbe approvato.

Ma anche senza capire le parolacce, la signora Lucilla uscí dalla stanza tirando su le lacrime con il naso; sbatté la porta con stizza e non volle cenare.

Mo stava da circa un'ora sull'armadio, intirizzito dal freddo e con gli arti intorpiditi, ma decisissimo a non scendere se non gli avessero restituito il suo giocattolo, quando la porta della camera si riaprí dolcemente ed entrò il signor Nicola.

Non accese neppure la luce, ma andò a sedersi sul letto e si mise a parlare a Mo con voce calma e affettuosa.

– Sei un ragazzo di carattere, Mo, – gli disse, – e in un certo senso ammiro la tua fermezza, anche se per una bambola non è il caso di fare tante storie... Un maschio poi, e piangere a quel modo come una mocciosa per una decisione della mamma che anche a me pare ragionevolissima!

Ma di questo non voglio discutere. Tutti i ragazzi hanno le loro stravaganze e compito dei genitori è proprio quello di aiutarli a correggersi, ad essere ragionevoli ed equilibrati, a non fare tragedie per nulla...

Non interverrò in alcun modo con la forza, stai tranquillo.

Ma vorrei chiederti un favore speciale. Non fare arrabbiare la mamma in questo periodo, Mo. Te lo volevamo dire piú avanti, ma con questo capriccio ci hai forzato la mano.

III. capitolo uno

Il tuo arrivo evidentemente ci ha portato fortuna, perché il dottore ci ha confermato che da un mese la mamma aspetta un bambino. Ormai avevamo perso ogni speranza, e anche per questo avevamo deciso di invitarti a casa nostra. Stai tranquillo però che non cambierà niente nei tuoi confronti, anzi!

In un certo senso ti siamo riconoscenti, e una famiglia con due bambini è la cosa migliore che una coppia possa desiderare.

Però devi pensare che la mamma non è piú tanto giovane e che aspettare il bambino per lei è molto faticoso.

Non provocarla, non farla arrabbiare, non entrare in polemica con lei... Se hai dei problemi vieni da me, ma per adesso lascia perdere, ti prego, Mo! Siamo cosí felici di averti a casa con noi! Siamo cosí felici, da quando sei arrivato tu!

Cosa poteva fare Mo? Non aveva un cuore di pietra, e sua madre prima della partenza gli aveva tanto raccomandato di non creare problemi e di non dare fastidi agli ospiti terrestri...

Scese al buio dall'armadio e andò a infilarsi in silenzio nel letto. Il signor Nicola lo baciò e gli rincalzò le coperte.

Piú tardi entrò in punta di piedi la signora Lucilla, gli sfiorò la testa con una carezza e gli infilò una busta sotto il cuscino.

Appena fu uscita, Mo accese la luce per guardare la busta. Conteneva una banconota e un biglietto: *Per comprare il piú bel giocattolo che un ragazzo possa desiderare. La tua mamma.*

2.

Col passare del tempo Mo si abituò benissimo non solo a chiamare i signori Olivieri «papà» e «mamma», ma anche a vivere come un vero ragazzo terrestre.

Aveva subito smesso di andare a giorni alterni alla scuola di Caterina. Ormai la sua classe era definitivamente quella di Andrea. Studiavano, facevano ginnastica, giocavano, litigavano, facevano delle bande per andare a pescare o per darsele di santa ragione... Mo era piú forte di tutti gli altri ragazzi terrestri, forse sempre per effetto della gravità, ma non ne approfittava.

Anzi, in fondo non gli piaceva particolarmente fare la lotta, se non veniva provocato in modo grave. Per questo non era riuscito a raccogliere attorno a sé molti «fedeli», come l'altro forzuto della classe, che era assai ammirato e aveva un fitto seguito di estimatori.

Mo era tollerato, guardato con un po' di curiosità, ma in definitiva accettato come uno né meglio né peggio degli altri compagni, con molto disappunto di Andrea, cui sarebbe piaciuto moltissimo potersi vantare di un «cugino» denebiano valoroso e invincibile, una specie di Superman casalingo.

Mo invece faceva di tutto per non mettersi in vista e per mimetizzarsi fra gli altri ragazzi.

Nonostante questo, Caterina ne era molto fiera, anche se ormai lo frequentava molto meno.

La separazione era stata un po' triste. Caterina, senza aspettare che qualcuno glielo ordinasse, aveva riportato in casa dal giardino i giocattoli con cui lei e Mo nei giorni pari si erano divertite dopo cena.

Era tornata in possesso dei suoi abiti e delle sue scarpe, aveva smesso di chiamare Mo a giocare sotto l'acacia verso sera.

Lo stava ad ascoltare ammirata quando lui raccontava storie denebiane, o anche le avventure quotidiane vissute con Andrea fuori casa, ma non si proponeva piú come compagna...

A Mo questo pareva strano. Non aveva mai visto su Deneb un bambino comportarsi con tanta rassegnazione...

Per fortuna non era cambiato l'atteggiamento di Cecilia.

Anzi, piú che mai fiduciosa Cecilia metteva la sua mano in quella di Mo e pretendeva di uscire con lui, di andarsene in giro con lui, di giocarci insieme, di farsi insegnare la lotta... Madre, nonna, zia la sgridavano, le facevano prediche, la mettevano in castigo, ma Mo se la prendeva in braccio di nascosto e andavano insieme per le strade a guardare tutto quello che succedeva nel mondo.

Mo aveva molta stima di Cecilia, perché sebbene cosí piccola e «pettegola» come affermava Andrea, non aveva detto a nessuno di avergli restituito la bambola e conservava il segreto con grande discrezione.

Nel frattempo c'era stato il matrimonio di Anna.

Dopo aver visto sull'album di famiglia le foto delle nozze degli Olivieri e di quelle dei Brandi, Mo aveva tanto sperato di poter assistere a un «vero» matrimonio terrestre, con fiori, abito bianco, musiche, invitati e ricevimento...

Anche la nonna ci aveva contato, ma Anna come al solito aveva deluso la famiglia sposandosi di mattina presto con gli abiti di tutti i giorni, e informando amici e parenti a nozze avvenute.

Nelle foto del matrimonio, sebbene non fossero piú giovanissimi, lei e Marco sembravano due ragazzi a una scampagnata.

– Lo so io, chi porterà i pantaloni in quella famiglia, – diceva la nonna con aria scettica, osservando le fotografie. Mo non capiva. Chiunque avesse gli occhi in testa poteva vedere, sia nelle foto che nella vita reale, che Anna e Marco portavano i pantaloni tutti e due.

Però, dopo neanche due mesi, Anna dette una grande

consolazione a sua madre e alle sorelle maggiori, informandole che anche lei aspettava un bambino.

– Bene! Ora la smetterai finalmente di passare il tempo fra i telescopi, – aveva commentato la nonna. – Lascerai il lavoro per accudire la famiglia, naturalmente!

– Neanche per sogno! – aveva risposto Anna, e la nonna aveva sollevato gli occhi al cielo.

Col passare del tempo la pancia della signora Lucilla cresceva, ma il suo viso non aveva un aspetto tanto florido e il suo umore non era molto sereno.

Mo di questo non aveva nessuna colpa, perché dopo le raccomandazioni del babbo si era comportato benissimo: non aveva mai contraddetto la signora Lucilla e l'aveva aiutata sollecitamente in tutte le faccende che gli sembravano troppo faticose. (Cosa che non si poteva dire del signor Nicola, che aveva continuato ad aspettarsi il pranzo pronto e le camicie stirate.)

Naturalmente la mamma si occupava anche di Mo con grande affetto e parlava con grande entusiasmo del bambino che sarebbe nato (anzi, della bambina, perché visto che Mo era un maschio, ci voleva una femmina per formare «una bella coppietta»).

Però un giorno il dottore, dopo averla visitata, disse che era meglio ricoverarla in clinica per un mese, per tenerla tranquilla e darle le cure appropriate, altrimenti rischiava di perdere il bambino.

– Niente di grave, – disse, – non preoccupatevi. Solo un mesetto di vacanza servita di tutto punto.

La signora Lucilla però era preoccupatissima, non tanto per sé, quanto per Mo e per il signor Nicola, che sarebbero dovuti restare soli in casa senza nessuno che si occupasse di loro, visto che non si riusciva a trovare una domestica in tutta la città neanche pagandola a peso d'oro.

Mo si stupiva di quelle ansie: – Non siamo paralitici, il babbo ed io, – diceva ridendo. – Perché mai qualcuno dovrebbe occuparsi di noi? – Su Deneb, quando suo padre e sua madre andavano in viaggio, gli altri membri se la cavavano benissimo, a parte un po' di nostalgia.

E anche sulla Terra, a dire la verità, una volta che il signor Nicola era stato via una settimana per un congresso, a Mo e alla signora Lucilla non era capitato niente di preoccupante.

Ma la signora Lucilla sospirava, facendo la valigia per l'ospedale: – Come due zingari!... Chissà in che stato mi ridurrete la casa! E che porcherie andrete a mangiare in giro! Questo proprio non ci voleva!

Si fece promettere da Caterina e da sua sorella che ogni

giorno sarebbero salite dai suoi «due uomini» a vedere come se la cavavano, e chiuse a chiave in un cassetto i calici di cristallo e i suoi soprammobili preferiti.

Finalmente salí sull'auto soffiandosi vigorosamente il naso per non piangere, e partí col signor Nicola, lasciando Mo sul cancello del giardino, fra Andrea e Cecilia.

3.

La signora Lucilla stette via un mese esatto e quello fu uno strano periodo, nel soggiorno di Mo sulla Terra.

Provate a mettervi nei panni di un denebiano, e di un denebiano giovane, gentile e servizievole come Mo.

Mo aveva creduto di capire, da tanti sospiri e tante recriminazioni, che alla signora Lucilla dispiaceva che durante la sua assenza i pavimenti non venissero puliti e lucidati, il bucato non venisse stirato alla perfezione, i vetri non venissero lustrati e che infine lui e suo padre se ne andassero in giro per le trattorie sporchi e disordinati come due barboni.

A Mo fare il barbone per un po' di tempo sarebbe anche piaciuto, ma non voleva dare un dispiacere a sua madre proprio mentre era malata.

Perciò, appena fu solo in casa, fece tesoro dell'abilità manuale tipica dei denebiani, e – grazie anche alla attenzione con cui aveva osservato le occupazioni della signora Lucilla – fu presto in grado di scopare, fregare, lucidare, lavare, stirare, sbucciare, cucinare, rigovernare, esattamente come avrebbe fatto lei.

Nella casa non si notava la mancanza della padrona, quando la zia e la nonna salirono a «dare un'occhiata».

Non è che Mo si aspettasse dei complimenti (in fondo sarebbe stato molto piú divertente per lui in quelle ore andarsene in giro in bicicletta!), ma almeno un riconoscimento della buona volontà. Invece le due donne sembravano perplesse e a disagio...

Non gli dissero bravo neanche per sbaglio, non gli chiesero dove avesse imparato a fare cosí bene i lavori domestici. Anzi, guardavano con diffidenza i pavimenti lucidi, la cucina pulita, la pila di camicie stirate... Se ne andarono con uno strano sguardo pieno di dubbi. Mo era sconcertato, ma sperava che almeno suo padre sarebbe stato riconoscente. In fondo era un bel po' di lavoro che gli veniva risparmiato di ritorno dall'ufficio!

Il signor Nicola rincasò allegro, gridando dalle scale: – Su, Mo, vestiti, che andiamo a mangiare una pizza!

Ma Mo aveva apparecchiato con cura la tavola. Nel forno cuoceva un budino di verdura e tutto era come le sere in cui la signora Lucilla era a casa.

Il babbo non seppe nascondere la sua delusione.

– Bravo ragazzo, – disse senza entusiasmo, – ma non era

III. capitolo tre

necessario. Ti portavo a mangiare fuori. Ci saremmo anche divertiti ad andarcene in giro come due scapoli!

Tuttavia Mo non capí immediatamente cosa i grandi si aspettavano da lui, fino a che, un paio di giorni dopo, suo padre gli disse esplicitamente di smetterla di curare la casa, di non perdere tempo in «faccende da donne» facendosi ridere dietro da Andrea.

Quando la polvere sotto i letti diventava lanugine, il signor Nicola chiamava la cognata o Caterina a dare una pulitina d'emergenza. La biancheria la portava la nonna in lavanderia e la cucina non fu piú utilizzata se non per preparare tè o caffè, o al massimo latte caldo prima di andare a letto.

Esattamente come succedeva in casa di Anna. Mo non riusciva a capire perché per loro due andava bene, mentre Anna veniva accusata da tutta la famiglia di essere una pessima padrona di casa.

A mezzogiorno Mo restava a mangiare a scuola, e la sera o andava in trattoria con suo padre o erano entrambi invitati in casa Brandi.

Certo la vita in questo modo era meno faticosa, ma Mo soffriva pensando al dispiacere della mamma al ritorno davanti alla sua casa cosí trascurata.

Molto spesso andavano a trovare la signora Lucilla in ospedale. Lei stava a letto o su una sedia a sdraio nel giardino e parlava, parlava come se non fosse stata affatto malata. Naturalmente parlava per lo piú del bambino che stava per nascere.

Desiderava con tutte le sue forze che fosse una bambina.

Faceva dei progetti per lei, aveva scelto anche il nome: Nicoletta.

E durante tutto il tempo lavorava a maglia golfini e magliette piccolissimi di colore rosa.

A Mo il colore rosa piaceva moltissimo e avrebbe desiderato un maglione cosí. Non osava però chiedere alla mamma che glielo facesse, perché la vedeva troppo occupata col corredino della bambina che doveva nascere.

A furia di stare seduto a fianco alla donna che sferruzzava, non avendo altro da guardare nella stanza d'ospedale che quelle mani in movimento, Mo sentí tornare alla memoria tutte le nozioni imparate nei primi tempi terrestri, quando ancora andava alla scuola di Caterina.

Un pomeriggio, solo in casa, prese un paio di ferri e un gomitolo dal cestino da lavoro della mamma e ci provò.

Dopo pochi tentativi, si accorse di ricordare perfettamente: sapeva lavorare a maglia! Dritto, rovescio, coste, grana di riso, aumenti, diminuzioni, bordi tubolari, tutto!

Pieno di soddisfazione, come gli accadeva ogni volta che portava a buon termine un lavoro manuale, Mo sferruzzò tutto il pomeriggio e anche un paio d'ore dopo cena, seduto sul letto.

Non disse niente a nessuno perché voleva fare una sorpresa a sua madre.

Un golfino da neonato cresce in fretta. Mo pensava alla sorellina terrestre che fra poco sarebbe nata e lavorava veloce per farle anche lui il suo regalo di benvenuto.

Quando fu terminato, lo involse in carta velina bianca e decise di portarlo in clinica alla mamma il pomeriggio successivo.

Per combinazione quella mattina telefonò il dottor Gil, il quale – saputo che la signora Lucilla era all'ospedale – si era offerto di andare a trovarla anche lui, portando Mo con la sua automobile.

Il dottor Gil non aveva fatto alcun commento quando aveva saputo dell'esame psicologico e del suo risultato. D'altronde nessuno aveva chiesto il suo parere.

Cosí arrivarono insieme alla clinica, il ragazzino denebiano con i capelli chiari tagliati a candela e lo studioso terrestre, sempre un po' impacciato negli abiti del suo pianeta natale.

C'erano anche Andrea e Caterina con la loro madre.

Vincenzo Gil si chinò sulla poltrona per stringere la mano

alla signora Lucilla e Mo le depose in grembo il pacchetto del regalo. – L'ho fatto io, mamma! – esclamò. – L'ho fatto io per Nicoletta!

Se si era aspettato dei ringraziamenti e delle esclamazioni di meraviglia e ammirazione (era davvero un bel golfino) ancora una volta si era sbagliato sulle reazioni dei terrestri.

La signora Lucilla guardava sconcertata il lavoro, ancora mezzo avvolto nella carta... lo teneva in grembo senza toccarlo, pensò Mo, come un animaletto pericoloso e un po' schifoso...

Sua cognata guardava fuori della finestra con le labbra serrate. Fuori della finestra non c'era niente di interessante e dalle labbra della zia pareva uscire un fumetto con la scritta: «Non parlo, perché direi qualcosa di molto sgradevole. Ho deciso di non immischiarmi, ma questo è decisamente troppo!»

Dopo un attimo di gelo, in cui niente fu detto, ma ognuno sottintendeva qualcosa di sgradevole, e soprattutto di incomprensibile per Mo, il dottor Gil ruppe il ghiaccio.

Prese in mano il golfino, lo sollevò contro la finestra, lo rigirò da tutte le parti per osservarlo bene...

– Bravo, Mo, – esclamò. – Su Deneb non si fanno di questi lavori. Hai imparato in fretta e molto bene. Bravo!

– Ci manca anche che lei si congratuli! – sbottò allora la

signora Lucilla non riuscendo piú a trattenersi. – Ci manca che lo incoraggi!

– Non ti piace il mio lavoro? Cosa ho fatto di male? – chiese Mo con una gran voglia di piangere. – Me l'ha insegnato la maestra di Caterina! E anche Caterina lavora a maglia. E anche tu, mamma! Me l'hai fatta venire tu la voglia di fare un golf a Nicoletta.

Nessuno rispose a Mo. La zia disse invece al dottor Gil con fredda cortesia: – Vede, dottore, noi non siamo denebiani...

– Noi sí! – rispose con fierezza il dottore. Prese Mo per mano e con decisione lo portò fuori della camera.

4.

Mo era molto addolorato per aver fatto arrabbiare la mamma. Temeva che adesso si sarebbe ammalata di piú. Forse Nicoletta non sarebbe nata... Ma onestamente non riusciva a capire cosa avesse fatto di male.

Il dottor Gil cercò di spiegargli: – Vedi, Mo, sulla Terra ci sono dei lavori che sono considerati «femminili». Specialmente quelli destinati al benessere fisico della gente: l'alimentazione, la pulizia della casa, la confezione e la conservazione degli abiti... Tutti ne hanno bisogno, ma chi li compie «serve» chi ne usa. Perciò gli uomini, intendo i maschi terrestri, li considerano troppo umili e non li fanno volentieri, non dico per gli altri, ma neppure per se stessi. Tutti gli scapoli, appena possono pagarla, prendono almeno una donna delle pulizie, mentre considerano normale che una donna nubile provveda da sola a sé e alla propria casa. Servire qualcuno – fosse anche se stessi – in fondo da noi è considerato degradante, e nessuno, se appena può, desidera degradarsi. Anticamente c'erano anche dei lavori che venivano considerati esclusivamente «maschili». Oggi i maschi terrestri permettono anche alle donne di fare questi lavori, almeno in teoria. Soprattutto quando un marito pensa che lo stipendio della moglie farebbe comodo in casa. E cosí credono di aver concesso alle donne un grande privilegio. Infatti, se fare un lavoro «femminile» degrada un uomo, fare un lavoro «maschile» nobilita una donna.

– Ma se non fate che vantarvi che ormai sulla Terra le persone sono considerate tutte uguali! – osservò Mo.

– Cosí dovrebbe essere, – rispose il dottor Gil. – Nella realtà però evidentemente i maschi pensano di valere piú delle donne. Ti faccio un esempio: ogni padrone sarebbe molto fiero se il suo cane imparasse a parlare, scrivere e fare i calcoli, ma nessun cane e nessun padrone sarebbero contenti se un essere umano se ne andasse in giro abbaiando e camminando a quattro zampe...

– Cosa c'entra questo col lavoro a maglia? – chiese Mo.

– C'entra che il lavoro a maglia è un lavoro «femminile» e tu, che lo hai fatto senza esservi costretto dalla necessità, e ti è anche piaciuto, ai loro occhi ti sei degradato. Potevi parlare, e ti sei messo ad abbaiare. E questo non vale solo per il lavoro a maglia: ogni uomo che sceglie di somigliare in qualcosa a una donna, sulla Terra viene disprezzato dai suoi simili, e spesso anche dalle stesse donne. Ora sei tu che devi scegliere.

Se vuoi avere la loro approvazione, devi comportarti da maschio e non sgarrare mai. Se no, puoi benissimo infischiartene. Capito?

Mo rispose che non aveva capito.

Con quale criterio avrebbe deciso, di volta in volta, quale era il comportamento richiesto a un maschio?

Su Deneb c'erano le cose che piacevano e quelle che no, i lavori manuali e quelli intellettuali, le attività sedentarie e quelle che richiedevano movimento; quelle faticose e quelle di tutto riposo. Ogni individuo sceglieva azioni e atteggiamenti a seconda delle sue attitudini personali, o del momento, dello stato di salute, delle esigenze della comunità. Mai secondo il proprio sesso. A parte naturalmente determinate azioni legate alla riproduzione, dove occorreva (Mo ne era perfettamente informato, anche se per lui il problema si sarebbe posto solo di lí a ventun anni) che uno dei due individui fosse maschio e l'altro femmina e che ognuno avesse un ruolo definito, perché nascessero dei nuovi piccoli denebiani.

In base a quale criterio, si chiedeva, potrò decidere come comportarmi da maschio?

Neanche il dottor Gil era in grado di spiegarglielo.

– Sai, – sospirava, – ho vissuto tanto tempo su Deneb che certe cose le ho dimenticate.

Per qualche giorno Mo tenne il broncio alla signora Lucilla, che non aveva apprezzato il suo regalo e non aveva voluto (o saputo) spiegargliene il motivo.

La domenica andò a pranzo da Anna e Marco, che abitavano in un vecchio appartamento in periferia, e si lamentò con loro per il comportamento di sua madre.

Pensava che Anna, come al solito, avrebbe dato ragione a lui. Invece Anna difese sua sorella e raccontò a Mo questo episodio.

Quando la signora Lucilla era piccola, in quarta elementare, frequentava una classe «mista». Un giorno la maestra aveva proposto che, per le ore di «lavoro manuale», i maschi costruissero un castello medievale di cartapesta, e le bambine facessero ognuna un quadrato di maglia ai ferri per comporre una coperta da regalare a un povero.

La madre di una bambina, che pure era bravissima a lavorare a maglia, aveva protestato per questa separazione dei lavori. La maestra allora aveva concesso che se qualche bambina lo desiderava con particolare intensità, poteva andare anche lei a costruire il castello.

Quella mamma allora aveva chiesto se anche qualche maschio che desiderasse intensamente lavorare a maglia potesse fare il suo quadrato di lana invece che la cartapesta.

Ma la maestra aveva risposto che: primo, nessun maschietto di certo desiderava lavorare a maglia. Secondo, se per ipotesi assurda questo fosse successo, il padre di questo bambino si sarebbe arrabbiato moltissimo e forse sarebbe arrivato a schiaffeggiare la maestra. La maestra aveva evidentemente molta paura degli schiaffi e non fosse che per questo non avrebbe mai permesso a un maschio di fare un lavoro «femminile».

– Evidentemente, – commentò Mo, – le mamme delle femmine, a differenza dei padri dei maschi, sulla Terra non hanno l'abitudine di minacciare schiaffi alle maestre.

– Perché? – rise Marco.

– Perché altrimenti quella maestra non avrebbe osato rispondere a quel modo alla signora che protestava.

– Non solo, – aggiunse Anna, – ma la trattò con molta durezza. Non le bastava che la sua bambina fosse sollevata dall'obbligo di fare la maglia e potesse scegliere di costruire il castello come i maschi? Cosa voleva di piú?

– Secondo te cosa voleva? – chiese Marco a Mo.

– Se le piaceva lavorare a maglia, forse voleva un po' di rispetto per il lavoro che aveva scelto. Lavorare a maglia è creativo come costruire un castello, e chiunque dovrebbe poterlo fare, se gli piace.

– Hai ragione, – disse Anna. – Molti dei lavori cosiddetti «femminili» sono gradevoli e creativi come gli altri, ma gli uomini li disprezzano per riflesso del disprezzo che hanno per le donne che vi si sono dedicate per tanti anni. Saremo veramente liberi, noi terrestri, non tanto quando le donne diventeranno minatori o guidatori di locomotive, ma quando gli uomini si stireranno le camicie, ricameranno, cucineranno e accudiranno con piacere i propri bambini. Ma a Lucilla, poveretta, avevano insegnato che la maestra ha sempre ragione, e la maestra allora aveva allontanato con disprezzo quella mamma chiamandola «esaltata» e «rivoluzionaria». Perciò devi sforzarti di essere indulgente con lei.

Cosí Mo decise di perdonare sua madre.

5.

Non bisogna però credere che i rapporti fra Mo e i suoi genitori terrestri fossero sempre cosí complicati.

In genere, anzi, erano ottimi. Il piú soddisfatto di Mo era il signor Nicola, a cui durante l'assenza della moglie il piccolo denebiano faceva molta compagnia.

Era tornato anche lui come un ragazzino, nei momenti liberi dal lavoro, naturalmente.

In un certo senso fu un mese entusiasmante per entrambi. Costruirono dieci aquiloni senza riuscire a farne volare nemmeno uno. Andarono a pescare in un torrente e finirono entrambi nell'acqua gelata. Una notte fecero persino un bivacco nel giardino e dormirono in sacco a pelo sotto l'acacia, con grande indignazione della nonna che, trovandoli lí al mattino, si era messa a gridare sui gradini dell'ingresso:

– Nicola! Alla tua età! Ti verranno come minimo i reumatismi!

All'inizio Andrea era un po' geloso di questa amicizia nata fra Mo e lo zio Nicola. Ma Mo se ne accorse e invitò anche Andrea a partecipare alle loro spedizioni.

A dire il vero aveva invitato Andrea e Caterina. Ma Caterina non era venuta. Alle sue insistenze aveva risposto con aria infelice: – Mia mamma non mi lascia.

A Mo come spiegazione non bastava, e interrogò la zia.

La zia disse che Caterina si sarebbe certo presa il raffreddore, si sarebbe strappata i vestiti, si sarebbe graffiata le gambe, sarebbe stata solo d'impiccio...

A Mo questa non sembrava una ipotesi probabile, ma neanche tragica. Evidentemente però era sufficiente per i terrestri a impedire che una bambina si divertisse.

Ma Caterina gli faceva pena, quando li guardava partire restando vicina al cancello, con Luigi per mano e una corda da saltare abbandonata attorno al collo.

L'amicizia, il cameratismo con suo padre però erano un'esperienza troppo entusiasmante perché Mo potesse rattristarsi a lungo sulla sorte della cugina.

Il signor Nicola gli insegnò a giocare a biliardo e persino a guidare l'automobile (in cortile, naturalmente, perché Mo era ancora troppo giovane per circolare sulle strade).

– Bravo! – gli diceva. – Hai il bernoccolo della meccanica!

Quando il caldo divenne soffocante, dopo cena i due se ne andavano spesso al cinema, in cerca dell'aria condizionata. Sceglievano con cura il film sul giornale perché doveva essere adatto a Mo e piacere al signor Nicola. In genere erano film di cow-boys o film comici, e padre e figlio facevano insieme il tifo per i loro eroi e insieme si sbellicavano dalle risate.

Una sera capitarono per sbaglio in un locale dove si proiettava *L'orfana senza sorriso,* un film romantico di amori, corteggiamenti, sventure, che non prometteva niente di buono. Ma ormai avevano pagato il biglietto. Fuori faceva un caldo micidiale e cosí decisero di restare e sorbirsi il film.

Però, con grande indignazione del signor Nicola che l'aveva trovata noiosa e melensa, a Mo la storia piacque moltissimo. Ci si appassionò, trepidò per l'eroina, e soprattutto pianse, pianse di commozione come una vite tagliata...

– Come una donnicciola! – esclamava scandalizzato il padre uscendo dal locale. – Soffiati almeno il naso! Non farmi fare figuracce per strada! Crederanno che ti ho picchiato. Piangere al cinema come una femminuccia! Vergogna!

Mo si vergognava, ma quel pianto e quella commozione erano anche piacevoli. Era piacevole, pur sentendosi al sicuro, intenerirsi e crogiolarsi nel dolore e sentirsi anche lui un po' vittima come l'eroina del film...

– Un film cosí idiota! – esclamava disgustato il signor Nicola.

Mo convenne che era proprio un film idiota. Ma anche molti western e film comici che avevano visto erano altrettanto idioti, se non di piú. Eppure loro due si erano lasciati coinvolgere, avevano parteggiato per l'eroe: «Sparagli, sparagli! Sta' attento che ti arriva alle spalle!», e il signor Nicola non si era sentito derubato dei soldi del biglietto.

Un mese passa presto, e dopo un mese la signora Lucilla tornò a casa. Ma non ci si fermò per molto.

Di lí a venti giorni, esattamente alle dieci del mattino, capí che Nicoletta stava per nascere, anche se un po' in anticipo sul previsto. Perciò chiamò subito un taxi per andare in clinica.

La accompagnò Mo, naturalmente. Il signor Nicola era in ufficio e nessuno si aspettava una partenza cosí improvvisa.

Mo era molto preoccupato. A Deneb ogni nascita era un fatto naturale e semplice, ma le donne terrestri facevano tante di quelle storie, quando ne parlavano!...

Il dottore che li accolse però gli disse che andava tutto bene. Ci sarebbe stato da aspettare almeno un paio d'ore, Mo intanto andasse a telefonare al padre e alla nonna che per l'indomani avrebbero avuto un bambino nuovo.

Dall'ufficio però risposero che il signor Nicola era partito in macchina per un sopralluogo in aperta campagna e che non sarebbe tornato fino al tardo pomeriggio.

No, non sapevano come fare a rintracciarlo prima, ma gli

avrebbero lasciato sulla scrivania il messaggio di precipitarsi in clinica prima di tornare a casa.

La nonna, dal canto suo, quella mattina aveva pensato bene di slogarsi un piede lucidando i pavimenti e non si poteva muovere.

La zia aveva Luigi a letto con la varicella e non voleva portare il contagio al neonato, né poteva d'altronde lasciare quella peste solo con la nonna immobilizzata.

E cosí il povero Mo, dopo un giro di telefonate inutili, rimase solo nella sala d'attesa della clinica, a passeggiare su e giú guardando fuori nel giardino i malati in pigiama che prendevano il sole.

Dopo un'ora venne un'infermiera a offrirgli un caffè.

Quando vide che era un ragazzino gli fece un sacco di complimenti e, con l'aria di offrirgli chissà quale divertimento, lo condusse al «nido». Era un salone dove dietro una vetrata si vedevano centinaia (cosí almeno parve a Mo) di neonati urlanti, ciascuno nella propria culla, come bambolotti caricati a molla nelle scatole di una vetrina.

Mo li guardava incuriosito e leggermente disgustato.

Che piccoli! E che brutti, e che piagnoni! E cosí deboli e fragili che basterebbe un colpetto d'unghia a romperli in due! Anche lui, Mo, forse un tempo era stato cosí, e cosí sarebbe stata Nicoletta.

«Speriamo che si sbrighi a crescere!» pensò Mo con un sospiro.

Tornato nella sala d'aspetto, passeggiava su e giú come un padre preoccupato, guardando continuamente l'orologio.

In realtà si sentiva un po' come un padre in attesa: preoccupato, ma anche importante e lusingato di tanta responsabilità, anche se il suo compito era solo quello di aspettare e la mamma, fortunatamente, di là poteva contare sull'aiuto di medici e infermiere.

A mezzogiorno un'infermiera gli portò un toast e un bicchiere di latte e si fermò mezz'ora a chiacchierare con lui.

Gli fece un sacco di domande su Deneb, ma Deneb in quel momento a Mo pareva cosí lontana!

Ciò che veramente importava era Nicoletta, che stava faticando a nascere, e che sarebbe stata cosí piccola e fragile che se le infermiere non stavano attente la potevano rompere maneggiandola in modo brusco...

«Com'era possibile, – pensava Mo, – che nella pancia della mamma, per quanto fosse cresciuta, ci fosse posto per un bambino intero? E per l'acqua e per tutto il resto che Mo sapeva bene fin dai tempi di Deneb? Non sarebbe nata una bambina troppo piccola per poter sopravvivere, o senza le gambe, o tutta rattrappita per mancanza di spazio?»

L'infermiera parlava e Mo seguiva i suoi pensieri senza prestarle attenzione.

Poi rimase ancora solo per un bel po'. In giardino le ombre degli alberi si erano fatte lunghissime; un giardiniere aveva cominciato a innaffiare...

Mo trovò su un tavolino un album di cruciverba e cominciò a farne uno complicatissimo. Mentre si chiedeva quali potevano essere le iniziali di Respighi, la porta a vetri si aprí e l'infermiera, sempre la stessa, con un sorriso ebete sulla faccia rotonda, esclamò a voce troppo alta: – Auguri, giovanotto! È nato! È nato un bel maschio di quattro chili!

6.
....

Mo sentí le ginocchia diventare molli, mentre la tensione, invece di sciogliersi, gli faceva un nodo duro alla bocca dello stomaco.

«... natO, sanO, grande, bellO... ma? ... e Nicoletta?»

Come ci sarebbe rimasta male la signora Lucilla! Che ingiustizia – dato che per i terrestri il sesso era tanto importante – che non lo potessero decidere i genitori!... E se si fosse potuto barattare questo neonato con una bambina nata nello stesso giorno e i cui genitori desideravano un maschio?

– Vieni a vederlo, svelto! – incitava l'infermiera.

Mo la seguí strascicando i piedi per tutto il corridoio. Non aveva nessuna fretta di affrontare la delusione della mamma.

Pensava a quante volte lei aveva parlato della bambina, della fortuna che avrebbe rappresentato per la famiglia una «coppietta»...

Pensava ai golfini con nastri rosa, alle bambole che erano già state preparate e che ora erano diventate inutili.

Veramente – si ribellò la sua memoria denebiana – niente

avrebbe impedito che il neonato, benché maschio, ci giocasse ugualmente. Mo giocava tutte le notti di nascosto con la sua bambola di pelliccia e ancora non gli era successo niente di terribile...

Bussò piano alla porta, respirò profondamente ed entrò.

– Mi dispiace, mamma, – disse con gli occhi bassi restando sulla soglia. Non sapeva come ci si comporta in tali circostanze, e avrebbe preferito essere mille miglia lontano. Ma era deciso a fare il proprio dovere fino in fondo.

Dal letto gli arrivò una risata piena di gioia.

– Ti dispiace per che cosa, Mo? Per essere stato solo ad aspettare? Ma va! In questo modo è un po' come se il piccolo fosse tuo figlio! Sei il primo della famiglia che fa la sua conoscenza. Guardalo! Ma guardalo! Non è bellissimo? Meraviglioso?

Mo alzò gli occhi incredulo. La mamma non recitava per riguardo nei suoi confronti: era VERAMENTE felice!

E Nicoletta? E tutti i suoi sogni di avere una bambina?

– Lei è proprio fortunata, signora, – interloquiva l'infermiera. – Due bei maschietti! E questo grande, avesse visto che giudizioso, tutto il giorno ad aspettare come un adulto!

– Mo, su, guarda il bambino! Cos'hai? Sei commosso? – insisteva la signora Lucilla.

Mo guardò nella culla. Il bambino era piccolissimo e grinzoso, come quelli del nido. «Quattro chili, – pensava Mo, – in fondo sono ben poca cosa. Quanto un gatto, a conti fatti. Non è piú grande di un gatto... ma forse non è il caso di barattarlo con una femmina sconosciuta...»

Il bambino era tutto involto in una coperta azzurra e, da quello che se ne vedeva, avrebbe potuto benissimo essere una femmina. Mo non aveva notato proprio nessuna differenza.

– Sei sicura? – chiese alla signora Lucilla.

– Sicura di cosa?

– Che sia proprio un maschio?

– Cosa? Non farmi ridere, Mo. Sei proprio fissato. Non siamo su Deneb, qui. È stata la prima cosa che abbiamo controllato. Per i terrestri non c'è bisogno di psicologi o di esami del sangue. Basta avere gli occhi in testa. È proprio un maschio, un bellissimo maschio.

– E Nicoletta? Non sei delusa che non sia Nicoletta? – chiese Mo titubante.

– Ma va! Certo, avere una bambina sarebbe stato divertente... Ma avere un maschio, un vero maschio... Per il cognome della famiglia, sai... per tutto. E chissà come sarà felice tuo padre!

Infatti il signor Nicola fu contentissimo. Non aveva neanche dovuto aspettare in anticamera tutto il giorno come

Mo. Quando aveva telefonato dall'ufficio gli avevano dato subito la bella notizia.

Dopo tanti discorsi che avevano fatto di come sarebbe stato bello avere una bambina, sembrava che se ne fossero tutti dimenticati.

Non parliamo poi della nonna, degli zii, dei cugini... Una festa grande! Piú grande di quando era arrivata la risposta degli psicologi per Mo; perché questo bambino era stato fatto in casa, e si chiamava Olivieri, e i suoi figli si sarebbero chiamati Olivieri. E forse perché la sua «virilità» era arrivata come un regalo gratuito, senza angosce, senza esami, senza dubbi.

Non crediate però che Mo venisse messo in disparte.

Come fratello maggiore aveva il primo posto nei festeggiamenti.

Lo ringraziavano per aver portato fortuna alla famiglia, lo lodavano per essere stato cosí giudizioso ad accompagnare la madre all'ospedale, lo baciavano, gli mettevano il neonato in braccio per poi riprenderglielo precipitosamente (temevano che lo lasciasse cadere a terra).

– Dallo a me, dallo a me! – diceva Caterina con aria esperta, come se avesse passato due terzi della sua vita a maneggiare bambini piccoli.

E a lei lo lasciavano tenere senza timore. Anche Cecilia lo

volle prendere per un attimo sulle ginocchia, sotto lo sguardo intenerito della nonna, ma ne approfittò per mettergli un dito in un occhio e farlo strillare a perdifiato.

Per fortuna i neonati terrestri sono piú solidi di quanto sembri a guardarli.

Il piccolo infatti superò benissimo i festeggiamenti e i convenevoli in occasione della nascita; uscí illeso da tutte le mani che lo volevano sollevare, cullare, coccolare, e alla fine si addormentò pacifico nella sua carrozzina.

– Come lo chiameremo? – si era subito informata Caterina.

E i signori Olivieri (dimostrando che avevano mentito quando dichiaravano di aspettare con certezza la nascita di Nicoletta) risposero ad una voce il nome certamente già scelto e concordato in segreto: Maurizio!

Naturalmente per Maurizio non si poterono utilizzare che pochissimi dei capi del corredo preparato dalla mamma.

Gli altri, quelli rosa con pizzi e nastri, furono involti in un bel pacco e messi da parte per Anna, nel caso dovesse nascerle una bambina.

Ma Anna non volle accettarli, e fece male, perché tre mesi dopo le nacque davvero una bambina, e non aveva niente di pronto da metterle, e la nonna disse: – Le sta bene!

La bambina di Anna e Marco, come figlia di una astronoma, naturalmente fu chiamata Stella. E sua madre, con grande biasimo di tutta la famiglia, la iscrisse a un asilo nido e continuò ad andare tutti i giorni all'Osservatorio.

Ma per tornare ai vestiti preparati per Nicoletta, finirono a una donna povera che aveva avuto una bambina pochi giorni prima della nascita di Maurizio nello stesso ospedale.

Cecilia ebbe in regalo le bambole già acquistate. Mo però riuscí a intercettarne una e a farla sparire. Era un bambolotto morbido che somigliava stranamente a Maurizio (o forse tutti i neonati terrestri si somigliano, come i cinesi per gli europei?). Lo conservò nel reparto segreto dell'armadio insieme alla bambola di pelliccia e ci giocò di nascosto quasi tutte le notti.

La bambola di pelliccia aveva un nome denebiano, ma il bambolotto si chiamava Nicoletta.

IV.

VITA DA UOMO

1.

I bambini terrestri crescono molto piú in fretta di quanto un denebiano possa immaginare.

In tre o quattro mesi Maurizio aveva quasi raddoppiato peso e dimensioni, riconosceva Mo, mangiava dal cucchiaino... Non era piú cosí brutto e grinzoso come al momento della nascita. Caterina anzi affermava che era bellissimo.

Gli avevano preparato una camera fra quella di Mo e quella dei genitori, con pochi mobili, adatti a un maschio.

Per quanto affermasse di essere sicura della nascita di Nicoletta – forse ammonita dall'esperienza fatta con Mo –, la signora Lucilla non aveva preparato in anticipo una camera da «femminuccia», e cosí ora non aveva dovuto cambiare niente.

Mo aveva accompagnato la mamma a comprare gli ultimi oggetti che dovevano completare l'arredamento. La signora aveva scartato con decisione le stampe di fiori, animaletti dai colori teneri, palloncini, nuvole e stelle.

Per Maurizio, che un giorno sarebbe andato alla ventura per il mondo, aveva scelto stampe di navi, aeroplani, cavalli... Sebbene non fosse ancora in grado di stare seduto, Maurizio possedeva già un triciclo, dei pattini, un pallone, un trenino elettrico con un plastico complicatissimo...

Mo sospettava che fosse il signor Nicola a giocarci di nascosto.

Per Mo, invece, tutto sommato, il giocattolo piú divertente era Maurizio. Gli piaceva stuzzicarlo per farlo agitare, ma anche starlo a guardare quando era addormentato: è incredibile quanto possa essere liscia e tenera la pelle di un bambino, e quanto leggero il suo respiro...

Gli sarebbe piaciuto moltissimo portarlo in giro nella carrozzina, farlo correre lungo i marciapiedi, ma questo non gli era permesso.

Solo Caterina, dopo molte raccomandazioni di madre, nonna e zia, poteva spingere lentamente nei vialetti del giardino e lungo la strada che portava al parco il molleggiatissimo veicolo che conteneva il cuginetto.

Caterina poteva anche aiutare a cambiare il bambino, a fargli il bagno, a dargli il biberon... Mo non poteva. Non glielo avevano detto esplicitamente, ma avevano talmente biasimato Anna perché rincasava piú tardi del marito e gli permetteva di lavare e nutrire Stella, e deriso Marco che si prestava senza protestare a tali incombenze, che Mo aveva capito che per un maschio queste occupazioni non erano opportune.

Evidentemente stava pian piano imparando a ragionare come i terrestri piú intelligenti.

Abbiamo detto che Maurizio riconosceva Mo e rideva quando ne incontrava lo sguardo; gli tendeva le mani per essere preso in braccio e smetteva di piangere quando ne udiva la voce.

Ma quella che amava piú di tutti era la signora Lucilla. La accoglieva con gridolini di gioia, piangeva se la vedeva uscire, le sorrideva spalancando la bocca sdentata fino alle orecchie ed emettendo strani gorgoglii... Mo ne era persino un poco geloso, e si meravigliava che non lo fosse il signor Nicola, che da questa intesa era escluso.

Anche Mo, quando era piccolo, aveva avuto molte manifestazioni d'affetto per i propri genitori, e ne era stato contraccambiato. Ma allora era troppo piccolo per rendersene conto.

Ora invece, osservando il rapporto fra Maurizio e sua madre, scopriva di desiderare di avere anche lui un figlio, per poterne essere guardato in quel modo speciale...

Ne parlava un pomeriggio con Andrea, mentre si trovavano sdraiati all'ombra sulle rive del torrente dove erano andati ad acchiappare gamberi.

– Io, – diceva Andrea, – da grande farò il dentista. È un buon lavoro, e si guadagna bene...

– Io, – diceva Mo, – da grande sarò tornato su Deneb e chissà cosa farò... Peccato che non sia una donna! Mi sarebbe tanto piaciuto da grande avere un bambino come tua zia Lucilla!

Andrea lo guardava scandalizzato. Mo cercò di spiegargli perché trovava una facoltà degna di invidia quella delle donne, di «fare» materialmente dei bambini...

– È molto piú che fare una musica, Andrea, o un quadro, o un libro, o uno strumento tecnico... Ci pensi? Una cosa viva, un uomo completo di tutto, con tutti gli organi che funzionano come ingranaggi perfetti... Altro che un robot... È formidabile! Non hai studiato ingegneria? Un meccanismo perfetto come il corpo umano non lo trovi facilmente...

– Bah! – rispondeva Andrea. – Le donne mica studiano ingegneria per fare i bambini! Anche le coniglie fanno i coniglietti, e non capiscono niente...

– Noi maschi, però, con tutte le nostre conoscenze, non ne saremmo mai capaci... Sapessi che rabbia mi dà l'idea di non essere in grado di avere un bambino!

«Che fanatico!» pensava Andrea e glielo si leggeva nello sguardo.

Questo dava a Mo lo spunto di riflettere che in fondo, se lui era svantaggiato perché non riusciva sempre a capire i ragionamenti terrestri, spesso però anche i terrestri si trovavano in difficoltà a capire lui.

2.

Maurizio aveva otto mesi quando le due famiglie Olivieri e Brandi decisero di fare una gita al mare.

I Brandi possedevano una villetta a un centinaio di chilometri dalla città e pensavano che fosse arrivato il momento di andare a darle una ripulitina e a farle prendere aria prima che arrivasse il periodo delle vacanze.

Partirono su due automobili, al gran completo: la nonna, la signora Graziella che doveva dare una mano per le pulizie, il signore e la signora Brandi con i quattro figli, il signore e la signora Olivieri con Mo e con Maurizio, in una culla di vimini fornita di manici.

Una volta arrivati, mentre le signore spalancavano le finestre, sbattevano i tappeti, pulivano vetri e pavimenti, i due signori si misero a dare la vernice antiruggine alle parti metalliche e il flating alle finestre e ai balconi di legno.

I bambini dal canto loro si scatenavano a correre nella pineta o sulla sabbia umida della spiaggia.

Solo Caterina, in tanto fervore di movimento, stava seduta,

composta e tranquilla, su un divano a dondolo, sorvegliando Maurizio che si sporgeva dal suo cesto di vimini cercando di afferrare sassi, foglie e insetti per ingoiarli.

Mo si divertiva moltissimo. Il mare terrestre era cosí diverso da quello di Deneb! E cosí pure la spiaggia, con le sue dune di sabbia da cui ci si poteva lanciare rotolando senza pericolo di farsi male.

Luigi e Cecilia avevano sabbia dentro le scarpe, in testa, perfino nelle orecchie!

Fecero due bande: Mo e Cecilia contro Andrea e Luigi. Si cercarono due covi fra i ginepri dove nascondersi; poi fecero delle sortite, si picchiarono, rotolarono avvinghiati lungo le dune... Vinse la squadra di Mo. Una giornata davvero eccitante!

Quando fu l'ora di rientrare in città, Maurizio dormiva e la sua culla fu sistemata sul sedile posteriore dell'auto del signor Nicola, che era piú molleggiata dell'altra, anche se piú piccola e meno veloce.

Col babbo e con Maurizio andarono Mo, Andrea, Luigi e Cecilia.

Tutti gli altri, compresa la signora Lucilla che voleva continuare un'interessante conversazione con la sorella, salirono sulla macchina del signor Brandi.

Per non svegliare il bambino, il signor Olivieri guidava

con molta precauzione, a una velocità ridottissima, e presto l'altra macchina li distanziò di molti chilometri.

– Pazienza! – rise il signor Olivieri. – Arriveremo un'ora dopo di loro e troveremo la cena già pronta.

Ma era destino che quella sera loro non avrebbero cenato a casa.

A questo punto potrei raccontarvi i fatti creando una atmosfera di suspense... Potrei descrivere come la signora Lucilla, apparecchiata la tavola, preparato il bagnetto per Maurizio, fosse andata sulla soglia ad aspettare...

E avesse aspettato invano fino alle quattro del mattino fra palpitazioni, svenimenti e telefonate alla polizia e all'ospedale... Cosa era mai successo al signor Nicola e ai bambini che erano con lui? Cosa era successo al piccolo Maurizio che dormiva cosí beatamente nel suo cestino di vimini?...

Ma non voglio tenervi cosí a lungo sulle spine. I fatti erano molto semplici: lungo la strada che portava dal mare alla città c'era un ponte. Questo ponte era molto vecchio e in cattive condizioni e circa un quarto d'ora dopo il passaggio della macchina dei signori Brandi, uno dei suoi piloni era crollato.

Per fortuna in quel momento non ci passava sopra nessuno, ma la Polizia Stradale, subito accorsa, aveva immediatamente sbarrato il suo accesso con una catena e aveva vietato il transito fino a che non fosse riuscita a farlo riparare.

Cosí che, quando mezz'ora dopo era arrivata la macchina del signor Nicola col suo carico di bambini, un milite cortesissimo ma deciso aveva ordinato loro di tornare indietro. Per un paio di giorni sul ponte non si sarebbe potuto assolutamente passare, a rischio di farlo crollare definitivamente e di rovinare con le macerie dentro al fiume.

Non era una tragedia e neppure un'avventura emozionante.

Avevano frenato in tempo al segnale di stop, non avevano rischiato di sbattere né di precipitare nel fiume, il milite era stato gentile, non li aveva minacciati con la pistola né picchiati con il manganello... Maurizio non si era neanche svegliato.

Però a casa non potevano tornare perché quella interrotta era l'unica strada.

Per fortuna il signor Nicola aveva la chiave della villetta. Non restava che tornare lí e aspettare il momento in cui il ponte fosse stato riparato. Niente piú che una vacanza non prevista, in fondo, se non ci fossero stati due grossi problemi. Uno era la presenza di Maurizio, che aveva assolutamente bisogno della mamma; l'altro la mancanza, al di qua del ponte, di un telefono, un telegrafo o un qualsiasi mezzo per informare la signora Lucilla e i Brandi dell'accaduto.

Il signor Nicola, gridando al di là del ponte, pregò uno dei vigili di telefonare lui a casa per rassicurare la famiglia, ma quello, occupato dalle operazioni di sorveglianza e di ripristino, non riuscí a farlo prima delle quattro del mattino.

E questo è il motivo per cui la povera signora Lucilla e i Brandi passarono quella notte d'inferno, immaginando tutte le disgrazie che potessero essere capitate agli altri membri della famiglia.

Ma quando finalmente furono rassicurati sulla loro sorte e seppero che avevano l'intenzione di ritornare alla villetta e di rimanerci per tutto il tempo dell'attesa, invece di respirare di sollievo, la signora Lucilla si gettò su una poltrona lamentandosi: – Il mio Maurizio! Il mio bambino! Me lo faranno morire quegli sciagurati! Maledetto il momento in cui sono salita sull'altra automobile!

Era fermamente convinta che nessuno, fra suo marito, Andrea e Mo fosse in grado di accudire il bambino. Su Cecilia e Luigi ovviamente non contava, ché anzi, essendo piccoli e senza mamma, probabilmente avrebbero sofferto moltissimo anche loro.

– Almeno ci fosse Caterina! – sospiravano all'unisono le tre donne della famiglia.

Mai in vita sua Caterina si era sentita cosí importante.

In effetti qualche volta Caterina si era occupata del piccolo. Aveva chiesto spiegazioni sul modo di allevarlo e le aveva ottenute, mentre Mo alle stesse domande non aveva ottenuto risposta, anzi, era stato allontanato con fastidio...

Ma neppure in quel momento di disperazione la signora Lucilla ebbe il buon senso di pensare che, se avesse abituato Mo e il signor Nicola ad avere cura di Maurizio, ora non si sarebbero trovati cosí a mal partito.

3.

Per quanto riguarda suo marito, la signora Lucilla non aveva torto.

Quando fu rientrato nella villetta e si vide attorno i tre bambini (il cestino di Maurizio sempre addormentato poggiato sul pavimento del soggiorno), il signor Nicola ebbe un attimo di panico. Come se la sarebbe cavata, lui che era soltanto uno sprovveduto padre e zio?

A confermare le sue paure Luigi cominciò a frignare:
– Ho fame! Ho sonno! Voglio fare la pipí! Voglio la mia mamma!

Naturalmente svegliò Maurizio che si mise a gridare anche lui. Fra l'altro era arrivata l'ora del suo biberon e nessuno era preparato a dargli da mangiare. Fortunatamente Cecilia ebbe il buon senso di stare zitta, perché se avesse cominciato anche lei, probabilmente il signor Nicola sarebbe scappato via abbandonandoli tutti al loro destino.

Non lo fece, perché in fondo era un padre e uno zio coscienzioso e responsabile, ma si gettò sul divano con le mani fra i capelli chiedendosi come avrebbe fatto ad affrontare la situazione.

Ci pensò per un bel po', senza venire a capo di niente, ma era inutile che sprecasse tanta energia cerebrale, perché a prendere in mano la situazione intanto ci aveva già pensato Mo.

Luigi si buscò un energico scapaccione; gli furono sbottonati i calzoncini e fu spedito in gabinetto, accompagnato da Andrea, incaricato minacciosamente di sovraintendere alle operazioni, perché non c'erano calzoncini o mutande di ricambio.

Maurizio fu sollevato dalla culla e sistemato sulle ginocchia di Cecilia, mentre Mo andava in cucina a preparare il latte in polvere, di cui fortunatamente c'erano dei barattoli di scorta nelle tasche della culla portatile.

Per amore di Mo, Cecilia non mise le dita negli occhi di Maurizio, né gli tirò i capelli e stette bene attenta a non farlo cadere per terra. Cosí che, poco dopo, il bambino poté bere il suo latte con grande appetito e buonumore.

A questo punto, rassicurato dall'efficienza e dalla tranquillità del ragazzino denebiano, il signor Nicola si era alzato dal divano e aveva deciso di collaborare con Mo.

I tre giorni prima che fosse ripristinato il traffico sul ponte passarono anche troppo in fretta per i «prigionieri».

I ragazzi giocarono moltissimo all'aperto e il signor Nicola ebbe modo di fare amicizia con Maurizio, che fino ad allora aveva sempre guardato da lontano, non per aridità di cuore, ma per la convinzione tutta terrestre che i bambini piccoli sono esseri fragilissimi e che solo le donne sono in grado di maneggiarli senza fare danni.

Il fatto che Marco, che non era un tipo tanto per la quale, non avesse ancora danneggiato in qualche modo la piccola Stella, non era che l'eccezione che confermava la regola.

Per il mangiare, il dormire, il vestirsi e il lavarsi, se la cavarono benissimo. (Forse si lavarono un po' meno del necessario, ma per fortuna non c'era nessuna mamma o nonna a criticare, e in definitiva nessuno si ammalò per la sporcizia.)

Mo era un organizzatore nato. Assegnò a ciascuno un compito particolare, curò i collegamenti, mise agli arresti Andrea che si rifiutava di sbucciare le patate, e li tenne tutti di buonumore.

Anche quello che sembrava il problema principale, la cura di Maurizio, fu risolto senza drammi. Forse il piccolo non mangiava a orari esattissimi come a casa; non veniva cambiato ogni volta che ce ne sarebbe stato bisogno, non odorava di colonia-baby o di borotalco... Ma era allegro e in ottima salute: tirava i capelli a tutti con grande entusiasmo

e non stava un attimo da solo perché gli altri cinque, non avendo niente da fare, se lo contendevano: i ragazzi per portarselo appresso sulle dune; il signor Nicola per farlo giocare sul tappeto mentre lui fumava la pipa o per farselo saltare sulle ginocchia.

L'unico problema erano i rapporti fra Mo e Andrea.

Non dimentichiamo che, dall'arrivo di Mo sulla Terra, erano passati circa due anni. In questo tempo Andrea era cresciuto col ritmo terrestre, e di anni ne aveva dodici. Era alto, robusto, con un primo accenno di baffi e la voce stridula.

Si considerava ormai un ragazzo grande e si dava un sacco d'importanza.

Mo invece era cresciuto col ritmo denebiano, cioè assai lentamente.

Era ancora poco piú che un bambino delle elementari, un po' magro e delicato, anche a causa dei disagi della acclimatazione e dell'adattamento alle abitudini e ai cibi terrestri.

Però ragionava benissimo, e aveva una forza di volontà superiore a quella dei coetanei. Ma per Andrea ricevere ordini da quel «bambino» era una cosa troppo umiliante.

Tanto piú che spesso erano ordini intollerabili per uno abituato come lui ad andarsene in giro per i fatti suoi e a trovare tutto preparato a puntino dalle donne di casa.

Non sopportava di dover tagliare la carne a Luigi che ancora non era capace, di dover pettinare Cecilia, di rifarsi il letto, di lavare i piatti quando era il suo turno.

Solo l'autorità conferita a Mo dalla sua origine denebiana e dalla grande forza fisica che, nonostante l'aspetto fragile, questa comportava, evitarono che i rapporti fra i due ragazzi finissero a pugni.

All'inizio Andrea aveva adottato la tattica che usava le rare volte che sua madre gli chiedeva qualche aiuto in casa. Non si rifiutava, ma faceva le cose talmente male che la volta successiva sua madre preferiva chiedere quel favore a Caterina.

Con Mo non aveva funzionato. Pretendeva che Andrea ripetesse l'operazione anche dieci volte, fino a eseguirla a regola d'arte. Di rifiuti non voleva neppure sentirne parlare.

L'atmosfera era elettrica. Mo ormai era impaziente e insofferente: non capiva in virtú di quale privilegio Andrea pretendesse di essere l'unico a farsi servire dagli altri, quando anche Cecilia si dava da fare oltre al limite delle sue giovani forze.

Andrea si sentiva ferito nell'orgoglio e diminuito davanti allo zio e ai fratelli minori. Dentro di sé giurava vendetta.

Finalmente arrivò un milite in motocicletta ad annunciare che il ponte era stato riaperto al traffico.

Mo insistette che la villetta venisse riordinata e ripulita in modo da lasciarla come l'avevano trovata; dopodiché salirono sulla macchina e partirono alla volta della città.

La signora Lucilla non era stata avvertita del loro arrivo. Non era neppure a casa ad aspettarli. Si era trasferita in casa dei Brandi, dove passava il tempo a lamentare la sorte del povero Maurizio e ad elencare, a gara con la nonna, le sciagure che nel frattempo potevano essergli capitate.

Sua sorella, dal canto suo, trepidava per la sorte di Luigi. Per Cecilia non nutriva eccessive preoccupazioni, prima di tutto perché ormai era grandina, e poi perché era noto il suo affiatamento con Mo, che certamente avrebbe protetto almeno lei dai pericoli piú gravi.

Il momento dell'incontro fu commovente: lacrime, abbracci, esclamazioni di gioia, ringraziamenti alla sorte!

Subito dopo Maurizio fu spogliato nudo per controllare che non avesse ferite, bernoccoli, lividi o croste di sporcizia. Fu pesato sulla bilancia, lavato e incipriato...

Gli controllarono persino – quando la fece – il colore della cacca...

La signora Lucilla sembrava quasi delusa dal fatto di non aver riscontrato nessun danno... Era talmente convinta che i bambini piccoli avessero bisogno di una quantità di cose (di tre tipi per essere pignoli: quelle che diceva la pubblicità, quelle che dicevano i pediatri sulle rubriche dei rotocalchi e quelle che dicevano le nonne) che il fatto che Maurizio fosse sopravvissuto indenne a tre giorni in balía di maschi, in una casa priva di ogni confort civile, le pareva una cosa incomprensibile, assurda, inquietante, che mandava all'aria tutte le teorie in cui credeva.

Comunque li riaveva tutti e tre a casa sani e salvi, e questo era l'essenziale!

– Però, che caratterino quel Mo! – le raccontò il signor Nicola prima di addormentarsi. – Ci ha messo tutti in riga! Un'organizzazione perfetta, come se in tutta la sua vita su Deneb non avesse fatto altro che mandare avanti una casa. E anche per Maurizio, cosa credi, era lui che prendeva le decisioni, che gli dosava la farina lattea, che stabiliva quando era ora di farlo dormire... Io non avrei saputo da che parte cominciare...

– Lo credo bene, – rispose sua moglie. – Ma questi sentimenti materni mi insospettiscono. Che gli psicologi abbiano sbagliato? Che, tutto sommato, Mo non sia un maschio ma una bambina?

– Ma va! Dovevi vedere come ha tenuto testa ad Andrea, che oltre tutto è un palmo piú alto di lui! Non ho mai visto Caterina fare niente di simile...

Però la signora Lucilla tardava ad addormentarsi... Se,

nonostante il responso del professor Dotto, Mo fosse stata una ragazzina, la «salvezza» di Maurizio avrebbe avuto una spiegazione logica. Cosí come stavano le cose, la signora Lucilla era molto disorientata...

Due giorni dopo però Mo riportò a casa una medaglia vinta a un campionato juniores di boxe, si gettò a gambe larghe sul letto, imbrattando la sopracoperta con le scarpe infangate, chiese imperiosamente la sua merenda e si mise a sfogliare un giornaletto di cow-boys...

Decisamente era proprio un maschio. La signora Lucilla tirò un sospirone di sollievo.

4.

Come a confermare la signora Lucilla nella certezza che Mo fosse proprio un ragazzo, pochissimo tempo dopo si verificò quella che, nell'epica femminile e per molte generazioni a venire, fu chiamata «l'invasione dei topi».

La storia era cominciata in sordina, e niente faceva prevedere che sarebbe sfociata in un dramma.

A Maurizio era spuntato un dente e, per alleviargli l'irritazione alle gengive, gli davano da succhiare dei biscotti molto duri. La signora Lucilla ne teneva sempre una riserva sul comodino, nel caso Maurizio si svegliasse di notte.

Tutte le mattine però trovava qualche biscotto rosicchiato. Non poteva essere stato Maurizio che non era ancora capace di camminare. Forse Mo? Mo negò recisamente. Il signor Nicola, in una crisi di insonnia? Negò anche lui e si offese un poco. Mistero.

Un pomeriggio la signora Lucilla, la signora Brandi e la nonna si erano riunite nella stanza di Maurizio a lavorare a maglia. Andrea, Cecilia e Luigi erano rimasti a casa loro a guardare i cartoni animati alla televisione, ma Mo e Caterina girellavano attorno alle signore perché stavano aspettando il momento adatto per chiedere il permesso di andare a trovare il dottor Gil al Laboratorio di Scienze e Ricerche Denebiane. Per Mo non era un problema, per Caterina sí.

Bisognava trovare sua madre in un momento buono, e che la nonna non avesse niente in contrario.

Mo e Caterina andavano molto d'accordo, anche se la ragazzina ormai sorpassava Mo di tutta la testa e gli metteva senza fatica un braccio attorno alle spalle con aria protettiva.

Sembrava un pomeriggio come tutti gli altri: tranquillo, un po' noioso, monotono...

Quand'ecco, da sotto l'armadio, sbucarono all'improvviso tre topi e si diressero verso la culla del bambino.

Per prima li vide la nonna. Lanciò un urlo acutissimo, indicando il pavimento con un dito tremante.
Immediatamente anche mamma e zia guardarono, e quasi nello stesso tempo strillarono e salirono in piedi sulle rispettive sedie.

Mo non aveva fatto in tempo a rendersi conto dell'accaduto: aveva sentito delle urla, aveva visto le tre donne saltare sulle sedie... ma non aveva capito perché.

Si girò verso Caterina per chiederle se fossero impazzite, ma anche Caterina correva strillando verso un tavolino,

IV. capitolo quattro

stringendosi la gonna attorno alle gambe. Naturalmente Maurizio, spaventato, si era messo a piangere.

E Mo non riusciva a capire l'origine di tanto trambusto.

Finalmente, seguendo gli sguardi terrorizzati delle donne, vide i tre topi che ormai erano arrivati ai piedi della culla. Li riconobbe subito per averne visto la foto nell'Enciclopedia di scienze naturali terrestri. Sapeva che questi topolini grigi di campagna sono innocui. Tutt'al piú mangiano il grano nelle dispense, ma in quella stanza grano non ce n'era e quindi Mo non capiva il terrore che madre, nonna, zia e cugina sembravano provare.

La signora Lucilla, di solito cosí sollecita nei confronti di Maurizio, nonostante il bambino piangesse a perdifiato, non lasciò la sedia per andare a consolarlo.

Strillava: – Il bambino! Il bambino! Si avvicinano al bambino! Fate qualcosa! – Ma da parte sua non muoveva un dito.

Fu Mo a sollevare il fratellino urlante dalla culla, ma a questo suo movimento i topi spaventati si misero a correre per la stanza come impazziti. Allora fu il caos.

Ciascuna delle donne strillava, incitava le altre a fare qualcosa e cercava di arrampicarsi ancora piú in alto di quanto già non fosse.

La nonna tentò anche uno svenimento, ma era in bilico su

una poltroncina di vimini un po' traballante e la prospettiva di cadere svenuta sul pavimento in balía dei topi la fece subito rinsavire.

Mo era l'unico con i piedi sul pavimento, e a dire il vero non ne subiva alcun danno.

Appena, attraverso il frastuono e la confusione, gli riuscí di ragionare, capí subito che in tutta la stanza i piú spaventati erano i topi; ed erano gli unici probabilmente ad averne un ragionevole motivo.

Una volta stabilito questo, fece l'unica cosa che c'era da fare. Sempre tenendo in braccio Maurizio, si avvicinò alla portafinestra che dava sul balcone e la spalancò. Come tre saette i topi varcarono la soglia e per lo slancio saltarono giú in giardino.

A Mo non sembrava di aver fatto niente di eccezionale; ma questa era l'opinione della signora Lucilla. Una volta scese dalle sedie e ricomposte, le tre donne lo abbracciarono ringraziandolo, lo salutarono come un salvatore, lo lodarono, andarono a raccontare del suo valoroso coraggio a tutto il vicinato.

– Pensa, – diceva la signora Lucilla a suo marito, – quelle orribili bestie stavano già per raggiungere Maurizio, e lui, Mo, incurante del pericolo, si è slanciato ed ha strappato il nostro bambino alla sua orribile sorte.

IV. capitolo quattro

Quanto dovevano essergli riconoscenti!

Caterina, dal canto suo, prese a nutrire per Mo una ammirazione senza pari, molto superiore a quella che nutriva per Andrea.

Andrea invece non si lasciò impressionare cosí facilmente. Anche lui in fondo sarebbe stato capace di affrontare tre topi e di metterli in fuga.

– Ti avrei voluto vedere alla prova! – diceva sua madre scettica.

Ormai anche lei aveva perduto la antica diffidenza nei confronti di quell'essere ambiguo che le era apparso Mo nei primi tempi. Chi, se non un maschio valoroso, le avrebbe sapute soccorrere a quel modo nel pericolo?

5.
....

S tella, la figlia di Anna, era la piú giovane dei cugini terrestri di Mo.

Ma sei mesi dopo la sua nascita, Anna e Marco avevano provveduto a fornirgli ancora un altro cugino.

Non è che, in cosí poco tempo, fosse nato loro un altro bambino; semplicemente avevano adottato un ragazzino di sette anni i cui genitori erano morti in un incidente stradale.

– Incoscienti criminali! – aveva commentato la nonna. – Non hanno neanche abbastanza denaro per mantenere la loro, di figlia, e si prendono in casa un estraneo! Come farà Anna a star dietro a questo ragazzino, se con quel dannato Osservatorio che non ha voluto lasciare non riesce a occuparsi neppure della sua bambina?!

Marco però aveva spiegato a Mo che il bambino, Giovanni, era figlio di un suo carissimo amico, e che non aveva nessun parente al mondo. Perciò, una volta morti i genitori, non avrebbe avuto altra possibilità che andare a finire in un istituto.

– Lo potevano far adottare da qualcun altro! – protestava la nonna.

– Ma Giovanni a noi ci conosceva già, e ci voleva già bene. Perché sarebbe dovuto andare da un orfanotrofio all'altro in attesa che qualche sconosciuto se lo portasse a casa? – protestava Anna. – Marco voleva bene a suo padre, e non l'avrebbe potuto sopportare... Pensa se dovesse succedere a Stella!

– Quante sciocchezze! A Stella ci penseremmo noi, – sbuffava la nonna.

Comunque Giovanni era rimasto in casa di Marco e Anna e ormai li chiamava mamma e papà. Come Mo, aveva una grande ammirazione per il lavoro di Anna, e Marco aveva composto per lui una canzone che avevano imparato a cantare insieme, accompagnandosi col flauto e la chitarra.

Diceva cosí:

> *Mia mamma fa l'astronoma,*
> *conta le stelle e i pianeti;*
> *le macchie della luna*
> *per lei non hanno segreti.*

*Passa le notti a studiare,
forse non ci crederete,
cercando di misurare
la coda delle comete.*

*Perciò, perciò
ho deciso, sai, da grande che farò!
– «Chissà, chissà,
che mestiere vuole fare quello là?»*

*Naturalmente farò anch'io l'astronomo
per esplorare gli universi piú lontani.
Come la mamma anch'io sarò bravissimo
e arriverò a comunicare coi marziani.*

*Mille galassie sconosciute ci circondano,
ma la mia mamma le conosce tutte quante.
Anch'io da grande come lei sarò bravissimo:
sarò un astronomo famoso ed importante.*

*– «Ma va', ma va'!
Vorrai dire bravo come tuo papà!»
– Eh, no. Direi
che la piú in gamba a casa nostra è proprio lei!*

*A casa nostra non splendono
i vetri né il pavimento.
A noi ci basta che brillino
le stelle del firmamento.*

*La mamma poi non si stanca
a candeggiar le mutande:
c'è la Via Lattea che è bianca
ed è piú bella e piú grande...*

> *Perciò, perciò
> ho deciso sai da grande che farò...
> Vorrei, vorrei
> diventare forte e bravo come lei.*

*Se usciamo insieme sono orgogliosissimo
anche se devo stare molto attento
perché non guarda dove mette i piedi
e inciampa per scrutare il firmamento.*

*Mi insegna con pazienza a far l'astronomo;
risponde sempre a tutte le domande.
Vorrei rassomigliarle il piú possibile,
non vedo l'ora d'essere già grande.*

- «*Ma va', ma va'!*
Vorrai forse somigliare al tuo papà!»
- *Macché, macché,*
mamma, voglio somigliare proprio a te.

Anche se dal punto di vista scientifico la canzone non era molto corretta, Anna tuttavia era molto orgogliosa quando la sentiva cantare.

La domenica invitavano molto spesso Mo a pranzo, e Mo ci andava volentieri, perché gli erano simpatici. Stella aveva ormai quasi un anno ed era una bambina robusta e vivace, nonostante le previsioni catastrofiche della nonna.

Oltre ai due bambini in casa c'erano un cane, due gatti e un merlo parlante, e questo talvolta creava un po' di agitazione. A Mo piaceva moltissimo, e si faceva insegnare anche lui a suonare la chitarra.

Aveva imparato però che non era prudente raccontare alla nonna o ai suoi genitori, al ritorno, quello che era successo in casa di Anna. Se lo interrogavano, rispondeva a monosillabi e cercava di non sbilanciarsi. Su Deneb questa gli sarebbe sembrata una ipocrisia, ma sulla Terra si chiamava essere diplomatici.

Quel pomeriggio però la notizia era troppo bella e importante per non riferirla.

– Anna ha vinto una borsa di studio per andare a Houston a studiare la sua stella cometa! – esclamò appena mise piede in casa, raggiante di felicità per riflesso della felicità di Anna.

– Come sarebbe a dire a Houston? Nel Texas? In America? – chiese la nonna.

– Sí. Proprio nell'Osservatorio di Houston. Pensa che Anna è la prima in Europa: la borsa di studio comprende un anno di soggiorno in America, spesata di tutto e ospite di quella università.

– Un anno in America! – esclamò la nonna indignata.

– Calmati, mamma. Naturalmente Anna avrà rifiutato, – la rassicurò la signora Lucilla. – Come farebbe a portarsi dietro i bambini, specie ora che ne ha due?

– Appunto, – rispose Mo, – la borsa di studio prevede che si abiti al pensionato universitario e non copre la spesa di una casa e di una bambinaia. Però Anna ha accettato lo stesso: Giovanni e Stella tanto li tiene qui Marco.

– Questo è il colmo, – gemette la nonna. – Sapevo che Anna era stravagante e irresponsabile, ma non avrei pensato che fosse anche una madre snaturata.

– Scusa, nonna, – osservò Mo, – ma tu stessa mi hai raccontato che quando i gemelli erano piccoli lo zio Osvaldo è stato per un anno in Australia a dirigere la filiale della sua ditta... Alla zia e ad Andrea e Caterina non è successo niente di male, o sbaglio?

Gli dava rabbia veder rigirare a quel modo una notizia che in casa di Anna aveva portato tanta gioia.

Marco aveva osservato: – Ci mancherai molto, ma l'ho sempre saputo che quella cometa era il sogno della tua vita. D'altra parte quando io sono andato ai convegni degli scrittori tu non hai mai fatto storie. Vuol dire che per un anno non andrò a nessun convegno e resterò a casa con i bambini. In fondo un anno non è poi cosí lungo. Ci telefoneremo tutte le domeniche e ci scriveremo spesso.

Era molto fiero che Anna, unica fra tutti gli astronomi d'Europa, avesse ricevuto quella borsa di studio, che era un riconoscimento internazionale alla sua bravura. Era anche sicuro che sua moglie a Houston avrebbe fatto delle scoperte importantissime e che sarebbe finita su tutti i giornali.

Ma anche i familiari di Anna sapevano che fin da bambina lei non aveva desiderato altro dalla vita.

– Perché dovrebbe rinunciarvi, visto che è stata cosí fortunata da ottenere la borsa? – chiese Mo.

– Eh, caro mio, a voi giovani sembra tutto facile!... Quando si mette su famiglia, si deve essere disposti a tutti i sacrifici! – rispose la nonna.

– Disposte, – corresse Mo. – Se fosse Marco a dover partire non ti arrabbieresti tanto.

– Taci tu, che non capisci niente, – lo interruppe la nonna stizzita. – E pazienza per te che vieni da Deneb. Ma quei due ragazzi, cosa credono di fare? Non hanno il minimo senso della realtà...

– Quello che mi meraviglia di piú, – osservava il signor Brandi, – è che Marco la incoraggi in questa pazzia. Se lo facesse mia moglie, la denuncerei per abbandono del tetto coniugale...

– Per carità! Ci manca che si separino! – gemeva la nonna.

– Non agitarti tanto, mamma, – la consolò la signora Lucilla, – la partenza è prevista fra sei mesi. C'è tutto il tempo per cambiare idea. Vedrai che quando Anna affronterà in modo concreto l'organizzazione della casa e la sistemazione dei bambini durante la sua assenza, rinuncerà a partire.

Quando però la madre e le sorelle cercarono di far ragionare Anna, Marco si arrabbiò moltissimo e ingiunse loro di farsi i fatti propri. Anna continuò a sognare sul prossimo viaggio, e nel frattempo si iscrisse a un corso di aggiornamento astronomico e di inglese che si teneva in una cittadina distante dalla loro duecento chilometri.

Poiché a viaggiare tutti i giorni si stancava troppo, andò a stare a pensione e tornava a casa solo al fine settimana.

– E cosí comincia subito ad abbandonare al proprio destino figli e marito! – concluse la nonna disgustata.

6.

Erano passati quasi tre anni da quando Mo era arrivato sulla Terra. Tre anni sono un tempo molto lungo soprattutto per un ragazzino. C'è dentro abbastanza spazio perché succeda un'infinità di cose, e questo senza bisogno di vivere una vita avventurosa, ma solo nel trascorrere delle normali vicende quotidiane di una famiglia terrestre qualsiasi, come quella che ospitava Mo.

Il ragazzino denebiano intanto aveva passato per due volte le vacanze estive secondo l'uso terrestre; una volta in montagna e una volta al mare.

Poi aveva cambiato scuola, passando ad una classe superiore in un altro istituto. Nella nuova classe, provenendo già da una sezione maschile ed essendo ormai abituato agli usi terrestri, non aveva avuto nessuna difficoltà di inserimento. Aveva fatto molte amicizie e andava perfettamente d'accordo con i compagni, sebbene fosse il piú piccolo di tutti, quanto al fisico. Con una dozzina di amici aveva formato una banda.

All'inizio si riunivano per caso: perché abitavano nello stesso quartiere, perché avevano gli stessi orari e le stesse lezioni, perché le loro famiglie si conoscevano ed erano in rapporti di amicizia... Poi erano nate all'interno del gruppo le simpatie reciproche... A Mo piaceva molto un ragazzino chiamato Simone, e a Simone piaceva Mo, cosí che divennero inseparabili.

Infine un certo Carlo che aveva letto molti libri e visto molti film d'avventure, aveva proposto che il gruppo si organizzasse, si desse un regolamento, scegliesse una sede, inventasse un cerimoniale... ne conseguiva che prima di tutto bisognava eleggere un capo.

Gli altri accettarono con entusiasmo. La sede c'era già: era una vecchia casa colonica diroccata, nascosta in una macchia di pini dietro alla palestra della scuola.

Il cerimoniale, complicatissimo e suggestivo, fu elaborato da quattro componenti appassionati di epica. Michele, Simone, Eugenio e Federico sapevano tutto sull'Edda, sull'Iliade, sulla Tavola Rotonda, sui Paladini di Francia, sui romanzi di Salgari e di Kipling, sulla epopea dei Pellerossa d'America, sui boy scout e sui film western... Si può quindi immaginare che i riti di ammissione alla banda e il cerimoniale per le riunioni fossero coreografici e coloriti.

Piú complicata però era stata l'elezione del capo.

All'inizio sembrava logico che venisse scelto Carlo. In fondo l'idea della banda era stata sua; lui aveva diretto i lavori di preparazione e di organizzazione...

Ma al momento delle elezioni inaspettatamente la maggioranza aveva scelto Mo, e Carlo l'aveva presa molto male.

Mo da parte sua non aveva fatto niente per mettersi in vista. Ma non c'era dubbio che era il piú forte di tutti, il piú deciso, il piú maturo, quello su cui si poteva contare in ogni momento, e gli altri ragazzi se ne erano accorti.

Inoltre a Carlo piaceva comandare e umiliare gli altri con la propria superiorità. Mo invece non sfoggiava la sua forza se non ci era trascinato per i capelli, ma tutti i ragazzini in giro – i compagni di scuola come quelli delle bande rivali – la conoscevano se non altro per fama.

E la sua origine denebiana gli conferiva un fascino e una autorità che non rendevano troppo umilianti per gli sconfitti le sue vittorie.

Naturalmente era stato ben felice di diventare capo!

Non lo aveva desiderato in modo particolare, ma non era neanche un martire di modestia! Aveva affrontato con grande gusto tutto il cerimoniale della investitura: la lotta con gli altri pretendenti, le danze attorno al totem, i fuochi e le corone di paglia... Aveva scelto Michele come luogotenente e Simone come scudiero, aveva fissato il calendario dei raduni...

A casa sua ridevano con indulgenza di questa fase «eroica». Anche il signor Nicola da piccolo aveva fatto parte di una banda e pensava che questo modo di passare il tempo libero fosse utile all'inserimento sociale di Mo fra i coetanei terrestri. Fra l'altro questa attività teneva Mo lontano da Andrea anche nel pomeriggio, e questa era un'ottima cosa perché evitava litigi e discussioni in famiglia, visto che, dopo le «vacanze forzate», il dissidio fra i due cugini era diventato insanabile. Anche per gli altri, ovviamente, i tre anni avevano portato delle novità, oltre alla presenza dell'ospite denebiano.

Intanto alla famiglia si erano aggiunti Marco, Maurizio, Stella e Giovanni.

Cecilia aveva cominciato ad andare a scuola. Il signor Brandi aveva avuto la promozione a capufficio cui teneva tanto. La nonna si era fatta fare la dentiera completa e Caterina si era innamorata.

Non di un ragazzo in carne ed ossa, ma di un attore-cantante che faceva delle commedie strappalacrime alla televisione.

Tutti a casa la prendevano in giro per questo motivo, però non le proibivano di tappezzarsi la camera con i poster del suo idolo, di collezionare i suoi dischi e di sognare che un giorno, chissà, magari Lui sarebbe passato da quelle parti su una rombante automobile metallizzata e le avrebbe sorriso salutandola con la mano.

Caterina negli ultimi tempi non era piú serena e equilibrata come nel passato. Anche lei era diventata piú alta e piú magra, non era mai soddisfatta del proprio naso e della propria pettinatura. Aveva per le amiche delle infatuazioni furiose e subito dopo litigava per un nonnulla. Era nervosa, insofferente, aveva malinconie e scatti di collera sproporzionati agli avvenimenti che li provocavano.

Mo ne era dispiaciuto, ma non meravigliato. Anzi, gli pareva che questa crisi fosse arrivata anche troppo tardi, considerate le condizioni di svantaggio in cui Caterina veniva costantemente tenuta rispetto ad Andrea.

Erano alti uguali, forti uguali, belli uguali (anzi secondo Mo Caterina era piú bella e piú simpatica, ma forse non riusciva ad essere obiettivo con Andrea), però Andrea se ne andava in giro da solo; aveva gli amici che voleva, un motorino veloce. Non si rifaceva il letto, anzi non si piegava neppure i vestiti prima di andare a letto; trovava la tavola apparecchiata a casa, e poteva andare in pizzeria con gli amici... E a sua madre, quando lo vedeva, si illuminava lo sguardo. Caterina niente di tutto questo. Per ogni cosa doveva chiedere il permesso. Ogni libro, ogni film, prima bisognava vedere «se erano adatti».

Doveva restare a casa a far compagnia alla madre e alla nonna, badare a Cecilia, a Luigi e anche a Maurizio, se occorreva...

Sparecchiava, caricava la lavastoviglie, portava fuori il sacco della spazzatura... E nessuno le diceva grazie.

E non era solo il fatto di lavorare di piú. Tutto il comportamento dei grandi attorno, anche se erano gentili e in quello che ritenevano adatto a lei cercavano di accontentarla, sembrava dirle, a ogni occasione di confronto col fratello: in fondo tu sei «solo» una ragazzina!

Mo al suo posto sarebbe diventato nevrastenico molto piú in fretta. Cercava di sobillare Caterina alla ribellione.
– E tu esci! – le diceva. – Cosa vuoi che ti facciano? Non ti ammazzeranno mica! E il letto non rifartelo piú, se lui non si fa il suo. Dopo che avrai dormito per una settimana sopra le coperte, o tua madre te lo fa lei, come ad Andrea, o costringe Andrea a farsi il suo. Se poi ti picchia, infischiatene, ma non ubbidire. Non te le darà poi cosí forte, e nessuno è mai morto per un paio di sberle... Ti punirebbero dici? Ma peggio di cosí, come ti possono punire? E se ti dicono di badare a Luigi, tu spingilo e fallo cadere. La prossima volta lo porteranno con sé e tu potrai venire con noi alla corsa campestre!

Ma Caterina non osava. In verità, anche a volersi ribellare, non avrebbe saputo da che parte cominciare. Poi aveva davanti agli occhi l'esempio di Anna, che per aver voluto fare di testa sua, si era giocata l'affetto e la stima della famiglia... Anna aveva Marco, che le voleva bene, ma lei, Caterina, con quel naso e quei capelli, e quel caratteraccio immusonito, non avrebbe trovato nessuno... La mamma non faceva che ripeterglielo, quando non era contenta di lei...

Mo invece aveva trovato un suo equilibrio. La nostalgia dei suoi genitori denebiani e di Tar e degli altri fratelli («o sorelle?» ora si sorprendeva a domandarsi) si era fatta col tempo piú sopportabile. L'accordo con la famiglia terrestre era buono. A Maurizio e Cecilia voleva un gran bene e sentiva di esserne ricambiato. La salute era buona, la scuola andava bene. Era nutrito e vestito in modo gradevole, aveva autonomia e responsabilità pari a quelle dei coetanei terrestri.

In piú per lui ogni esperienza aveva ancora il sapore eccitante della novità. Cosa poteva desiderare di piú?

Infatti non desiderava niente di particolare. Consumava un giorno dopo l'altro, soddisfatto di se stesso e del mondo che lo circondava. Aveva raggiunto, sulla Terra, un relativo stadio di pace.

E fu proprio questo il momento che quell'originale del professor Mc Slow scelse per far ritorno alla vita civile. Il ritorno avvenne in sordina, senza nessuna pubblicità, e gli Olivieri non ne seppero niente.

Forse si erano ormai anche dimenticati della sua esistenza. Il responso degli psicologi aveva appagato il loro bisogno di sapere: Mo era un maschio e tutti ne erano soddisfatti.

Ma il dottor Gil aveva conservato per tutto quel tempo la fialetta del sangue di Mo in una cella frigorifera e per lui la questione non era da ritenersi chiusa.

Perciò appena il professor Mc Slow rimise piede nel Laboratorio, la definizione del sesso di Mo fu il primo problema che gli venne sottoposto dal suo assistente.

7.

Era una mattina di domenica come tutte le altre. Il signor Nicola innaffiava il giardino, la signora Lucilla faceva dondolare l'altalena di Maurizio e Mo costruiva una piattaforma all'incrocio dei rami piú grossi dell'acacia, per farci una casetta come quella di Tarzan. Non aspettavano visite e fu con una certa meraviglia che videro la macchina del dottor Gil fermarsi davanti al cancello. Mo scese svelto dall'albero lungo la scaletta di corda e corse ad aprire al suo amico, tutto sorridente per il piacere di vederlo.

Ma il dottor Gil aveva una faccia strana. Non si riusciva a capire se fosse piú divertito o piú imbarazzato. Stringeva in mano una busta con l'intestazione del Laboratorio di Ricerche Denebiane. Salutò educatamente, sedette sulla sedia di vimini, fece una carezza a Maurizio. Poi attirò Mo al suo fianco e lo cinse con un braccio.

– Troverete tutto in questa busta, – disse, porgendola alla signora Lucilla. – Il risultato dell'esame del sangue, dei cromosomi, le percentuali degli x e degli y e tutto il resto.

Abbiamo controllato, verificato, telefonato a Deneb per conferma. Possiamo affermare che non ci sono piú dubbi. Troverete tutto dentro la busta, ma tanto vale che ve lo dica subito io: Mo è una femmina.

E strinse piú forte Mo, come per proteggerla da una minaccia. Ma nel giardino non c'erano altri che i suoi genitori terrestri che l'amavano tanto, e che ora che avevano anche Maurizio, non potevano che essere fieri della loro «coppietta». Un maschio e una bambina non era forse quello che avevano sempre sognato?

E allora perché a Mo parve che il mondo le fosse crollato addosso?

V.
VITA DA DONNA

1.

Cosa c'è, in fondo, di tanto drammatico, nel fatto di essere una ragazzina e non un maschio?

Superato il primo attimo di meraviglia, Mo riprese subito il controllo del proprio cervello e cominciò a ragionare. Cosa cambiava, in definitiva? Una parola scritta su un pezzo di carta. Mo era ben sempre Mo. Dal momento in cui il dottor Gil aveva parlato, non un solo atomo del suo corpo, non un briciolo del suo modo di essere fatta dentro (anima, carattere, spirito, intelligenza, psiche, chiamatelo come volete) era cambiato.

Quello che era prima, quello che era sempre stata fin dai tempi di Deneb, lo era anche adesso che era stata dichiarata femmina. Era assurdo dunque quel senso di angoscia, come di un animale preso in trappola. Forse, meditò, aveva sentito troppe volte la parola «domare» riferita a Cecilia o ad Anna, e quella parola nella sua memoria si associava soprattutto a cavalli liberi presi al laccio.

Si sforzò di considerare la novità nelle sue giuste

proporzioni. Un cambiamento, certo, ma chi diceva che era un cambiamento in peggio? E quanti cambiamenti non aveva affrontato, e volentieri, da quando aveva scelto di venire ospite sulla Terra? Anzi, a pensarci bene, questa variazione le permetteva una esperienza terrestre veramente completa.

Anche le reazioni immediate degli adulti non facevano supporre che la novità fosse negativa, sgradevole, male accetta. E in fondo quello che Mo desiderava piú di tutto non era di essere definita in un modo piuttosto che in un altro, ma di venire accettata e amata dalla famiglia in cui viveva e dalla comunità in cui era inserita.

La signora Lucilla, superato il primo attimo di sorpresa, si mostrava piacevolmente eccitata. – Quanti cambiamenti in famiglia, in questi ultimi tempi! – esclamava contenta. – Una ragazzina! Chi l'avrebbe mai detto? Sono proprio contenta, Mo, di avere una ragazzina! Ma già! Io l'avevo sempre sospettato, fin dal primo momento... C'erano tante cose che non quadravano... Quella bambola di pelliccia da cui non ti volevi separare a nessun costo... Chissà che fine ha fatto? Che bellezza, una figlia! Come andremo d'accordo, fra noi donne! Quanta compagnia mi potrai fare!

Mo era contenta di procurarle tanta gioia, ma osservava che la signora Lucilla si esprimeva come se in casa fosse arrivata una persona nuova. Mo però era lí da tre anni. Dunque in tutto quel tempo non le aveva fatto abbastanza compagnia? Eppure negli ultimi tempi le era parso (gli era parso, veramente) che fra lei e la madre ci fosse un buon rapporto. Lei, lui, Mo insomma, ce l'aveva messa tutta per farli contenti. E infatti fino a dieci minuti prima non avevano avuto niente da ridire. Valli un po' a capire questi terrestri!

Il dottor Gil si accomiatò in fretta. Sul cancello disse a Mo, guardandola negli occhi con molta serietà: – Ricordati che se hai bisogno di qualcosa, di *qualsiasi* cosa, su di me puoi sempre contare.

Di che cosa poteva aver bisogno, che non le fosse servito anche prima? Quale aiuto i suoi genitori potevano negarle, per dover ricorrere a un estraneo? Perché ora si mettevano tutti a parlare in modo sconclusionato?

In tre anni, dei terrestri non aveva capito proprio quasi nulla.

Appena il dottore fu andato via i genitori dissero a Mo: – Per favore, da' un'occhiata a Maurizio. Noi andiamo dentro a parlare –. A parlare di lei, naturalmente. Si capiva dal tono complice della voce. Che bisogno c'era di fare tanto i misteriosi? Cos'avevano da dirsi, che non potesse sentire anche lei?

I suoi genitori denebiani l'avevano sempre consultata, tutte le volte in cui la questione di cui parlavano la riguardava.

E poi Mo sarebbe voluta risalire subito sull'albero, dove c'era una trave che aveva bisogno di essere inchiodata al piú presto, se no rischiava di cadere trascinandosi dietro tutto il lavoro già fatto. Perché doveva restare a terra a badare a Maurizio, che era saldamente assicurato con le cinghie al seggiolino dell'altalena e gli si poteva dare un'occhiata anche dall'alto dei rami?

– Stai lí buono! – gli disse e si arrampicò agilmente lungo il tronco per proseguire il suo lavoro. Ma i grandi tardavano a tornare (quante cose avevano da dirsi?) e il bambino si mise a piangere di impazienza perché nessuno lo spingeva. Mo era a un punto cruciale della costruzione. Si trovava nel bel mezzo di un nodo incrociato, che teneva insieme tre travi e le univa a una biforcazione del tronco. Se mollava la corda adesso, ci sarebbe voluta un'altra ora di lavoro per rimettere i pezzi insieme. Quindi, visto che Maurizio non aveva niente di grave, ritenne di poterlo lasciar frignare per un poco senza intervenire.

Dello stesso parere non era la signora Lucilla, che subito si precipitò fuori infastidita: – È cosí che esegui gli incarichi che ti si danno? Cominciamo bene! – disse con uno sguardo carico di disapprovazione. – Scendi immediatamente e occupati di tuo fratello!

Mo si era sempre occupata volentieri di Maurizio, senza che

nessuno glielo chiedesse. Ora che la cosa le veniva ordinata in modo perentorio, e proprio nel bel mezzo di un lavoro a cui teneva tanto, non le piacque affatto. Pensò di rifiutarsi di scendere dall'albero, ma poi, tutto sommato, concluse che non ne valeva la pena. Forse quel giorno la signora Lucilla era nervosa, magari proprio a causa della notizia portata dal dottor Gil.

Fino ad allora era sempre stata cosí gentile, aveva chiesto la collaborazione di Mo – quando l'aveva chiesta – con tanto garbo e l'aveva accolta con tanta gratitudine, che non era proprio il caso di impuntarsi per uno scatto di nervi.

Mo lasciò con rammarico che la piattaforma di travi si scomponesse tutta; scese dall'albero e con un sospiro andò a spingere l'altalena di Maurizio.

2.

Quando l'indomani i signori Brandi tornarono dal mare, la notizia che Mo in realtà era una femmina fece molto scalpore.

I due bambini piú piccoli, molto incuriositi, guardavano Mo con occhi indagatori, quasi a cercarle sul volto il segno di quella diversità. Caterina ebbe una crisi di pianto e non seppe spiegarne a nessuno il perché. – Stupida, cosa c'è da piangere, – la sgridava la nonna, – invece di essere contenta, che adesso avrai un'amica con cui stare... – Ma questa ipotesi non consolava Caterina.

– È l'età! – commentò sua madre indulgente. Ma Andrea, che aveva la stessa precisa età di Caterina (a parte la mezz'ora della discordia) non pianse affatto. Non sapeva se essere seccato per la vergogna di essersi lasciato tiranneggiare cosí a lungo da una ragazzina, o se gongolare dal trionfo perché finalmente quella presuntuosa sarebbe stata «rimessa al suo posto».

La signora Brandi strinse le labbra e disse alla nonna a

mezza voce: – L'avevo sempre pensato, io, che come ragazzino non era tanto normale...

A Mo non restava che sperare che, almeno come ragazza, sarebbe stata approvata e accettata dalla zia. Tutto stava nel riuscire a capire in fretta come comportarsi per essere «normale» come ragazzina.

Quei cambiamenti che la signora Lucilla aveva detto di temere prima del responso dello psicologo, ora furono affrontati rapidamente e con entusiasmo.

Per prima cosa fu disdetto l'appuntamento con il barbiere che la settimana dopo doveva accorciare i capelli di Mo con la candela. – D'ora in poi li lasceremo crescere, – disse soddisfatta la signora Lucilla. – Starai cosí bene con i capelli lunghi! E poi ci potremo sbizzarrire a cambiare pettinatura tutti i giorni!

Poi si pensò ai vestiti. Il guardaroba di Mo fu completamente rinnovato. Era anche divertente andare in giro per i negozi e i grandi magazzini, scegliere, misurare, confrontare... Gli abiti femminili erano piú divertenti di quelli da ragazzo, piú fantasiosi, piú colorati...

Mo si guardava allo specchio tutta eccitata, girava su se stessa, palpava stoffe morbide e multicolori, scopriva i modelli piú diversi... Anche la signora Lucilla si divertiva come una bambina... Era un po' come scegliere il costume per una recita o per una festa di Carnevale...

Mo sapeva che il signor Nicola aveva detto di non badare a spese per «il nuovo corredo della mia signorina» e gliene era molto riconoscente. Accontentarono ogni suo capriccio. Ebbe scarpette lucide di vernice e zoccoli campagnoli, calzettoni bianchi traforati e altri variopinti, gonne a pieghe e arricciate, abiti severi e altri molto frivoli, camicette, golfini, cinture, borsette... Cecilia e Caterina non avevano niente di cosí bello.

I vecchi abiti di Mo, le scarpe, la biancheria, furono messi in un grande pacco e dati al robivecchi. – Potevate regalarli a noi per Giovanni, – si era lamentata Anna.

– Ma se quando ti ho offerto il corredino per Stella lo hai rifiutato! – aveva protestato la signora Lucilla.

– Non era la stessa cosa!

– No, che non lo era: quelli erano abiti nuovi, e questi erano usati. Sei proprio una bella stravagante!

Il pomeriggio, quando Mo uscí in giardino col suo bel vestito giallo dalla gonna larga, con le scarpe scollate e leggere e un nastro tra i capelli, era proprio soddisfatta di se stessa. Dal punto di vista estetico – lo aveva controllato allo specchio – essere femmina sulla Terra era molto piú vantaggioso.

Dal punto di vista pratico un po' meno. Ecco come arrivò a scoprirlo e come lo comunicò a suo fratello (o sorella?) Tar.

Car Tar,

ti ricordi di quella capanna che avevo cominciato a costruire sull'albero quando credevo di essere un ragazzo? Temo che non riuscirò mai a terminarla, e tutto per colpa dei vestiti.

Non ci crederesti, ma questi vestiti da femmina, che a guardarli sembrano cosí belli, sono di una scomodità incredibile. Le scarpe, prima di tutto. Per riuscire a arrampicarmi sul tronco ho dovuto togliere scarpe e calze, e questo mi ha procurato la prima sgridata. Non ti dico poi che fastidio ti dà la gonna quando ti arrampichi! Se è larga, si impiglia da tutte le parti. Se è stretta, non ti lascia aprire bene le gambe... Io poi sono riuscita anche a strappare una manica sotto l'ascella, appendendomi a un ramo, e a perdere due bottoni. Non ti dico quanto si è arrabbiata la signora Lucilla, e aveva anche ragione perché quel vestito l'aveva pagato molto caro.

Un'altra cosa che non sta bene e che bisogna assolutamente evitare quando stai su un albero, è che da sotto ti vedano le mutande. La prima volta ho pensato che fosse perché prima ero stata con Cecilia a fare scivoloni sull'erba e me le ero sporcate di verde. Ma anche quando sono pulitissime, guai a lasciarle vedere! A dar retta a tutto quello che una ragazza non dovrebbe fare, per non sciuparsi i vestiti, bisognerebbe essere paralitici. Tu ti chiederai perché, quando voglio fare dei giochi movimentati, non mi metto dei vecchi pantaloni... Prima di tutto la signora Lucilla si dispiace. È un mese che non fa che ripetermi che «una ragazzina deve essere sempre a posto». E poi, come faccio a sapere in anticipo se piú tardi avrò voglia di sgranchirmi un po'? Devo anche confessarti che questi vestiti saranno poco pratici, ma sono cosí belli che metterli è una tentazione. Come una trappola, per intenderci. Non mi riconosceresti neppure, tanto sembro bella! Tutti quanti mi fanno un sacco di complimenti, e i complimenti – lo sai – fanno sempre piacere, soprattutto a un denebiano che sulla Terra rischia sempre di essere guardato come un mostro. Però di correre, arrampicarmi sul cancello, sedere sul marciapiede per giocare a biglie, fare a botte con qualcuno, posso anche scordarmelo! Vuoi sapere che cosa mi ripetono tutto il giorno? «Stai composta, non gettare le gambe all'aria, non essere sguaiata, non sudare, non fare la lotta, non sederti per terra, non fischiare...» Pensa che avevo appena imparato a fischiare con due dita dentro la bocca... Ero cosí contenta... ma la nonna, quando mi ha sentita, è quasi svenuta e me lo ha assolutamente proibito. Ma anche se non mi dicessero niente, solo la preoccupazione di non guastare il vestito mi riduce come una mummia.

    Per fortuna hanno cambiato quasi tutti i mobili in camera

mia, e quelli nuovi sono molto piú belli. Le tende, le coperte, il tappeto hanno colori piú chiari... Ho un grande specchio vicino alla finestra e dei quadri nuovi alle pareti. Qualcuno di questi quadri però è proprio idiota, melenso, tutto fiori e ragazzine dalla testa grande... Caterina dice che sono stilizzate, ma a me sembra uno stile proprio cretino...

  Hanno portato via anche i miei vecchi giocattoli: il meccano, le automobiline, i guanti da boxe, le scarpe da football e tutto il resto... Il signor Nicola mi voleva comprare bambole, carrozzine, servizietti di piatti e posate, ma la signora Lucilla gli ha detto che purtroppo ormai ero troppo grande per quel tipo di giocattoli. Meno male che se n'è accorta! Neanche Cecilia li degna di uno sguardo! Però, cosí adesso sono senza giochi. Mi hanno spiegato che non sono piú una bambina, ma che è ancora troppo presto per darmi collane, rossetto e altri passatempi femminili... Perciò se non avessi i libri, qualche volta mi annoierei a morte.

  Tu mi chiedi che effetto fa essere una femmina e che cosa ti auguro di scoprire per te, quando avrai cinquant'anni... Non so cosa dirti. A me non fa nessun effetto; se non me lo avesse detto il dottor Gil neanche ci crederei... Sono i terrestri che mi fanno un effetto strano: piú sto in mezzo a loro e meno li capisco... Quanto poi a cosa ti auguro di essere, non lo so, visto che tu non verrai qui ospite di una famiglia terrestre. In fondo cosa te ne importa? Ho paura di avervi confuso un po' le idee anche a voi su Deneb, con questo mio continuo cambiar sesso. Sembrerebbe quasi che fosse una cosa importante... E invece non lo è: te lo assicuro. Io sono sempre uguale.

Mo

Dopo gli abiti e l'arredamento della camera, la nonna aveva preso l'iniziativa di rinnovarle la biblioteca. Le aveva regalato una serie di romanzi per ragazze, libri lacrimosi i cui protagonisti erano orfani maltrattati, bambine smarrite e cosí deficienti da non essere capaci di tornare a casa, neonati rapiti, mamme lagnose e sublimi, infermiere di una pazienza e una dedizione quasi maniacali, segretarie che facevano di tutto per farsi sposare da qualche giovanotto ricco che prima le aveva trattate in un modo indegno... I primi due o tre romanzi, a dire la verità, Mo li aveva letti volentieri. Ma un'intera collana era troppo!

E dei «suoi» libri di avventure, di viaggi, di indiani, di scoperte scientifiche, di animali, non se ne era voluta privare a nessun costo.

La nonna diceva che non erano adatti, e che erano diseducativi. Ma suo padre l'aveva difesa. Non trovava niente di male nel fatto che una bambina leggesse *La tigre della*

Malesia. Forse che Marianna, la perla di Labuan, non è un personaggio dolce e femminile? Un modello da imitare senza preoccupare gli adulti? E Cora e Alice dell'*Ultimo dei Mohicani* non erano fragili, indifese, bisognose di protezione quanto bastava per suggerire un giusto ideale di femminilità?

I libri di avventure non potevano certo offrire a Mo modelli di donne troppo aggressive in cui identificarsi.

– Va bene, – ammetteva di malavoglia la nonna, – ma comunque con quelle letture la bambina si esalta e perde di vista quella che dovrà essere la sua missione nella famiglia. Dico la sua missione normale, quotidiana, quando sarà grande...

A nessuno però passava per la testa che Mo – come invece avveniva – continuasse a identificarsi con Tremal Naik e con lo Sterminatore di daini, e che alla sua «vocazione», al suo futuro ruolo di madre di famiglia – come diceva la nonna – non ci pensava proprio. Ma per fortuna nessuno poteva leggerle dentro la testa, tanto piú che era una testa denebiana.

3.

Fino a quando era vissuta da maschio, Mo aveva pensato che se Caterina veniva trattata dai grandi in modo cosí diverso dal gemello, in parte era anche colpa sua. Se non si fosse lasciata mettere i piedi sulla testa senza reagire, pensava a quei tempi Mo, gli altri l'avrebbero rispettata di piú e non le avrebbero imposto con tanta naturalezza una parte di secondo piano e un ruolo subordinato. Ora però cominciava a dubitare che quel suo primo giudizio fosse troppo severo e non tenesse conto del peso dei mille piccoli interventi quotidiani, tutti tesi a ridurre Caterina «arrendevole e compiacente».

Col nuovo anno Mo aveva cambiato scuola ed era passata a un Istituto femminile. Poiché il cambiamento era avvenuto dopo le vacanze estive, fortunatamente non aveva dovuto dar spiegazioni ai vecchi compagni e ai professori sul perché lasciava la classe. Le era dispiaciuto molto, naturalmente. Però sperava di restare lo stesso in buoni rapporti di amicizia con quei compagni con cui andava piú d'accordo.

Pensava poi che quando fossero tutti rientrati dalle vacanze e la sua banda si fosse ricomposta al completo, il cambiamento di scuola non avrebbe piú costituito un motivo di separazione.

Nel nuovo Istituto poi si era subito presentata come una ragazzina, con abiti e modi adeguati, senza rivelare a nessuno il suo passato di falso maschio. Ora però che viveva tutto il giorno in mezzo alle ragazze, si accorgeva che l'eccezione non era la docilità di Caterina, ma la ribellione di Cecilia.

Naturalmente Mo, nella nuova classe, non era rimasta attaccata alle sottane di Caterina, ma si era guardata intorno e aveva cominciato a fare amicizia anche con le altre compagne.

Fra queste ce n'era una che somigliava stranamente a Simone, anche se non era sua parente neppure alla lontana. All'inizio però fu proprio questa somiglianza ad attirare l'attenzione di Mo, che sentiva molta nostalgia del suo «scudiero».

Comunque tra loro nacque subito un'amicizia appassionata che per Mo costituiva una piacevole novità. Maria era un tipo di poche parole: neppure Andrea, che accusava tutte le femmine di essere pettegole e chiacchierone, avrebbe potuto coglierla in castagna!... Eppure quante confidenze riuscirono a farsi le due amiche nei momenti in cui erano sole! Mo ritrovava con Maria l'intesa, l'intimità e la tenerezza che aveva provato per Tar, e che fino ad allora non aveva creduto possibile nei rapporti fra i terrestri.

Sentiva che Maria, anche se molto diversa da lei, la capiva fino in fondo, e che all'occorrenza sarebbe stata sua alleata contro chiunque. Anche Simone era stato un amico fedele, ma fra ragazzi non c'era l'abitudine di parlare di sé, dei propri pensieri, delle proprie fantasie, delle proprie incertezze... Gli argomenti erano sempre piú concreti e, per cosí dire, esterni alla propria personalità: lo sport, quello che era successo a scuola, cosa si sarebbe fatto l'indomani, le collezioni, i giornaletti, le prossime vacanze... Parlare dei propri sentimenti sarebbe sembrato assurdo e ridicolo, e comunque nessuno con Mo lo aveva mai fatto. Con Maria era tutta un'altra cosa!

Caterina, da parte sua, era un po' gelosa delle nuove amicizie della cugina, ma la gelosia sembrava essere una cosa abbastanza frequente nei rapporti fra le ragazzine e Mo non ci faceva molto caso. Il suo carattere ottimista le faceva vedere gli aspetti piú vantaggiosi della nuova situazione, e se Caterina era gelosa, tanto peggio per lei!

Naturalmente c'erano in classe anche delle ragazze antipatiche. Specialmente una certa Gloria, che si dava un sacco di arie perché era la piú alta di tutte e portava già le calze trasparenti e le scarpe con un po' di tacco. Gloria all'inizio aveva cercato di accaparrare Mo tutta per sé: sapeva che era denebiana e pensava che averla come amica del cuore le avrebbe dato prestigio nella classe. Ma faceva dei discorsi talmente noiosi, tutti a base di vestiti, pettinature, ragazzi che le facevano la corte, amiche bugiarde e invidiose, ville con piscina degli amici di suo padre e altre stupidaggini, che Mo si era stancata subito e l'aveva mollata. E poi nel frattempo aveva fatto amicizia con Maria, e Gloria, in confronto, le era apparsa proprio insignificante.

Naturalmente Gloria si era offesa e ora fra lei e Maria c'era una specie di guerra sotterranea. La povera Mo, nuova a queste sottigliezze, non se ne accorgeva neppure, ma ci pensava Caterina a riferirle tutti i particolari, che poi erano proprio delle stupidaggini!

Un giorno a ricreazione – quando ancora Gloria non aveva smesso la speranza di conquistare Mo – era nata una discussione su cosa significasse esattamente il termine «femminilità». Era stata Mo a sollevare il problema. Ricordava che nell'altra scuola le qualità che venivano apprezzate di piú erano l'energia, lo spirito di iniziativa, la lealtà, la decisione, l'indipendenza... tutte doti che – secondo Mo – facevano di Maria un'amica ideale. Ma quella mattina la loro amatissima insegnante di lettere aveva sgridato Maria avvertendola che proprio quelle caratteristiche che Mo apprezzava tanto in lei, erano pericolose «ai fini di un armonioso sviluppo» della sua femminilità! Cos'era dunque questa femminilità?

Durante la ricreazione vennero fuori le definizioni piú disparate.

– Essere dolce, servizievole, gentile, remissiva, – aveva detto Caterina.

– Essere perfida e bellissima e avere tutti gli uomini ai piedi, – aveva detto Gloria.

– Essere servile, ipocrita e senza spina dorsale, – aveva detto Maria.

Mo era perplessa. Al suo cervello denebiano non sembrava una cosa né logica né desiderabile servire gli altri senza esserne serviti a propria volta (ed essere servizievoli, lo aveva sperimentato a proprie spese, non era considerata una qualità per i maschi). Quanto a essere perfidi e schiacciare gli altri sotto i piedi, a Deneb questo comportamento veniva severamente punito, ed essere bellissimi non costituiva un'attenuante. L'ipocrisia poi non veniva scusata né presso i ragazzi né presso gli adulti, maschi o femmine che fossero questi ultimi.

Anche in questa scuola Mo era la meno alta fra le compagne. Loro avevano quasi tredici anni terrestri, ma per Mo i tre anni trascorsi sulla Terra, ai fini della crescita valevano come uno. Era quindi come se ne avesse undici, e tutte la trattavano con una certa aria di condiscendenza e protezione che le dava molto sui nervi, considerato che era la piú preparata di loro in tutte le materie, e fisicamente di gran lunga la piú forte.

Quest'ultimo era un segreto per tutti, come il «passato maschile» di Mo. Solo Maria ne era a conoscenza, ma sul suo silenzio Mo poteva contare.

4.

Nel frattempo la vita in famiglia continuava come al solito. Anna frequentava il suo corso e, quando al fine settimana tornava a casa, aveva mantenuto l'abitudine di invitare Mo a pranzo. Però adesso la signora Lucilla esitava, ogni volta che Mo le chiedeva il permesso di andare.

– Mo ammira troppo Anna, – sospirava con la signora Brandi. – Non vorrei che si facesse un'idea sbagliata della vita familiare. Temo che Anna possa esserle di cattivo esempio.

– Proibiscile di andare, allora! – rispondeva la sorella. – Caterina frequenta Anna solo qui, sotto i nostri occhi. Anche se penso che il disordine e la sporcizia di quella casa la disgusterebbero e le demolirebbero in fretta il mito della zia astronoma e indipendente.

La signora Lucilla però non sapeva decidersi a privare Mo di quelle visite domenicali.

In casa di Marco e Anna poi non c'era né sporcizia né disordine. Certo, non era tutto lustro e sistemato al millimetro come in casa Brandi e Olivieri, ma le stanze erano pulite e confortevoli e i bambini di buonumore.

– C'è odore di gatto, – diceva la nonna storcendo il naso, – sui vetri ci si può scrivere col dito e i bambini sembrano due zingari...

In realtà spesso sembravano due soldati in tuta mimetica, perché Marco non aveva ancora imparato a caricare la lavatrice separando i capi colorati da quelli bianchi. Cosí qualche volta il bucato veniva fuori a chiazze variegate di tutti i colori. – Però gli abiti sono puliti, – precisava Marco, – e quello che importa è l'igiene.

L'assenza di Anna durante la settimana non aveva portato grandi sconvolgimenti. Al mattino Marco portava Stella al nido e Giovanni a scuola, poi tornava a casa a scrivere. Verso le quattro usciva, faceva la spesa e andava a prendere i bambini. Per il resto del pomeriggio giocava con loro, e dopo averli messi a letto si occupava della casa. Cosa avrebbe potuto fare Anna di piú, Mo non riusciva a scoprirlo. Tanto, anche quando c'era, non passava certo le ore dietro alla lucidatrice!

Un giorno che Mo tornava con la sua classe dalla piscina dove erano andate per una lezione di nuoto, incontrarono Marco che, rincasando, aveva deciso di fare un giretto per il centro.

Spingeva con molta disinvoltura il passeggino pieghevole di Stella, appesa al cui manico c'era la borsa del supermercato con la spesa. Per mano teneva Giovanni, che dal giorno dell'incidente in cui erano morti i genitori aveva una paura folle delle automobili e per strada doveva sempre aggrapparsi a qualcuno.

Mo, quando li vide da lontano, cominciò a sbracciarsi per attirare la loro attenzione. Giovanni la vide e dette uno strattone a Marco per correrle incontro; Stella cercò di alzarsi in piedi... e la borsa della spesa rovesciò sul marciapiede un fiume di patate e pomodori.

Rotolavano fra i piedi della gente, e ce n'era sempre di piú. Cosí almeno sembrava a Caterina, che si vergognava come un ladro di fare una figura cosí ridicola davanti a tutte le compagne. Se almeno Marco avesse finto di non conoscerle!

Invece eccolo lí, che si infischiava delle patate lasciandole raccogliere ai passanti, e sollevava in alto Stella urlando come un pellerossa in segno di saluto. Mo gli saltò al collo, poi corse a chiamare Maria per fargliela conoscere, poi volle prendere la bambina in braccio e si lasciò dare da Giovanni un bacio appiccicoso di gelato...

Quando finalmente le ragazzine si rimisero in fila e si avviarono verso scuola, mentre Marco spingeva il passeggino nella direzione opposta, Caterina respirò di sollievo.

Ma, rientrata a scuola, non poté fare a meno di sentire Gloria che scimmiottava il modo di parlare di Marco e faceva la parodia della caduta delle patate davanti a un gruppetto di compagne. Caterina, umiliata, voleva far finta di non aver visto né sentito niente, Mo invece si piazzò davanti a Gloria e le chiese: – Cos'hai da ridere?

– Ho, – rispose Gloria in tono sprezzante, – che gli uomini di quel tipo io li trovo ridicoli. Sono dei pappamolla, delle femminucce!

Forse Mo avrebbe dovuto cercare di difendere Marco a parole, spiegando a Gloria quanto era in gamba e servizievole, quanto era gentile e divertente. Forse avrebbe dovuto cercare di farla ragionare: può capitare a tutti di seminare patate sul marciapiede. Il tono di Gloria però non ammetteva repliche e a Mo Gloria era un paio di giorni che dava ai nervi.

In questi casi – vista l'impossibilità di discutere – alla scuola di Andrea si sistemava la questione a pugni. Mo credette che l'uso valesse anche qui. Si piazzò davanti a Gloria e le disse: – Difenditi, se sei capace!

Cercava di non approfittare della propria superiorità fisica, e picchiava senza molta energia, giusto per una questione di principio. Gloria però non si difendeva con i pugni, ma a morsi e unghiate. Strillava come se la stessero scorticando viva e alla fine si lasciò andare a terra a corpo morto, lamentandosi come un martire cristiano sbranato dai leoni.

Intanto l'insegnante e le compagne si agitavano intorno a loro come se fosse successo il finimondo.

Mo nel frattempo aveva mollato la sua avversaria: che gusto c'è a pestare uno che non reagisce?

Arrivò la direttrice furibonda. Mo fu sgridata e strapazzata. Invano Maria cercò di difenderla, testimoniando che era stata Gloria a provocarla. Mo fu mandata per castigo per una settimana nella classe delle piú piccole.

Poi chiamarono sua madre per avvertirla che lei, Mo, era una bambina violenta, incontrollata e pericolosa. Parlarono addirittura di affidarla a uno psicologo, ma la signora Lucilla ne aveva avuto abbastanza col professor Dotto.

Quante storie, pensava Mo. Nell'altra scuola una scazzottatura ben piú violenta non avrebbe suscitato altro che due urli del bidello.

Quando la signora Lucilla seppe l'origine della lite, proibí definitivamente a Mo di frequentare la famiglia di Anna se non in casa Brandi.

5.

Un'altra delusione furono le lezioni di applicazioni tecniche.

– Vedrai. È uno schifo! – aveva preannunciato Maria. Mo era meravigliata. Era sempre stata una delle sue materie preferite, come mai a Maria non piaceva?

Maria invece, come al solito, aveva ragione.

Tutte le altre lezioni: la storia, la geografia, la grammatica, la letteratura, la matematica, la musica, le scienze, erano piú o meno simili a quelle della scuola che Mo frequentava l'anno precedente. Una battaglia, per fortuna, era avvenuta nello stesso giorno sia per i maschi che per le femmine, e cosí per entrambi tre piú tre faceva sei e il futuro di avere faceva avrò. Le applicazioni tecniche per le ragazze invece erano una cosa tutta diversa.

Qui non si usava il tornio o il saldatore, non si costruivano pile elettriche, non si segava e inchiodava il legno o fondeva lo stagno, non si usava il trapano o il seghetto da traforo… Qui di solito si stava sedute in cerchio attorno al tavolo a fare all'uncinetto presine da cucina. Quando l'insegnante aveva piú iniziativa, si cucinava, si faceva la nota della spesa e si smacchiavano stracci sporchi. Si studiava cosa doveva mangiare un neonato, come si lavano le stoviglie (prima i bicchieri e per ultime le pentole, mi raccomando!), e come si cuce la fodera di una poltrona.

Mo non aveva niente contro queste attività, a parte il fatto che era già abile in tutte perché le aveva imparate osservando la signora Lucilla, ma alla lunga le trovava poco divertenti.

Un giorno fece meravigliare l'intera classe riparando un rubinetto che perdeva. Scoprí cosí che nessuna delle presenti, né alunne né insegnante, non solo non era in grado di riparare un rubinetto, ma neppure una valvola saltata, né di aggiustare la cinghia di una tapparella, di mettere un tassello a espansione in un muro, di cambiare un vetro rotto a una finestra o una guarnizione alla lavastoviglie... Eppure nel programma del libro che usavano c'era scritto esplicitamente che: «le applicazioni tecniche femminili dovevano fornire le nozioni atte al buon governo di una casa».

Anche ammettendo che l'unica attività di una donna si dovesse svolgere fra le mura domestiche, pensava Mo, come può essere in grado di ben governare una casa una che non è capace di aggiustare un rubinetto o una tapparella? Forse turando il tubo che perde con una presina all'uncinetto o facendo un ricamo a punto croce sulla cinghia rotta?

L'unica consolazione di Mo era che persino Gloria, cosí piena di «femminilità», detestava quelle lezioni.

Ma il vero guaio scoppiò quando Mo e Maria rubarono l'automobile della preside. Dire che la rubarono forse è un po' eccessivo. In realtà la presero in prestito senza avvertirla, ma questa, anche su Deneb (Mo non aveva scusanti), è comunque un'azione scorretta.

La colpa però, sostenne piú tardi Mo con poco credito, era tutta di Andrea. Infatti piú di una volta Andrea l'aveva presa in giro perché a suo tempo il signor Nicola le aveva insegnato a guidare (e a lui suo padre no): – Cosa te ne fai, adesso, della patente, mocciosa! – le diceva in tono canzonatorio.

Mo in realtà la patente che occorre ai terrestri per guidare l'automobile non l'aveva, ma su Deneb non ce n'era bisogno, e poi alla sua età tutti i ragazzini guidavano i minireattori da casa a scuola.

Forse fu per quello che non ci stette a pensare su tanto, quando vide la macchina della preside aperta e con le chiavi nel cruscotto. Avevano due ore di intervallo perché un'insegnante si era sentita male e la preside l'aveva accompagnata a casa col pulmino della scuola.

– Maria, Caterina! – disse Mo. – Salite a bordo, svelte, che vi porto a fare una passeggiata –. Caterina la guardava con gli occhi sbarrati dal terrore, non tanto per paura che Mo potesse avere un incidente, ma per quello che avrebbe detto dopo la preside. Maria invece non si tirò indietro: – Sei capace davvero di guidare? – chiese sedendosi a fianco di Mo, che aveva già girato la chiave di accensione. Per tutta risposta Mo avviò il motore facendolo rombare per riscaldarlo.

Caterina non si lasciò convincere a partecipare alla gita. Giurò a dita incrociate che non lo avrebbe detto a nessuno e andò terrorizzata a rifugiarsi in gabinetto, dove stette rinchiusa per due ore, per non tradire la propria angoscia se avesse incontrato qualcuno.

Mo e Maria filavano a tutta velocità su una strada poco frequentata.

– Da che parte andiamo? Scegli tu l'itinerario, – propose Mo, magnanima. Maria puntò un dito verso una strada secondaria, attirata dagli alberi e dai cespugli fioriti. – Andiamo là! – disse. Fu l'unico errore che, in tutta la vita, Mo fu disposta a riconoscere a Maria.

Perché quella strada, purtroppo, conduceva proprio alla casa dell'insegnante che si era sentita male. Infatti dopo pochi chilometri superarono il pulmino della scuola, fermo sul bordo della strada con una gomma a terra.

Gloria certamente avrebbe accelerato e avrebbe cercato di

non farsi riconoscere, ma Mo, non si riuscí mai a capire se per generosità o per incoscienza, frenò bruscamente, fece marcia indietro («con una manovra perfetta!» si congratulava ammirata Maria) e si accostò alla vettura in panne.

Il bidello sudava tutto affannato, ma era grasso e anziano e da solo non sarebbe mai riuscito a cambiare la ruota. La preside sedeva affranta su un sasso, sorreggendo la professoressa che stava per svenire dal caldo. Quando vide Mo scendere svelta dalla *sua* automobile, credette di avere un'allucinazione. – Serve aiuto? – esclamava intanto Mo tutta giuliva, rimboccandosi le maniche. In quattro e quattr'otto cambiò la ruota del pulmino, poi si rivolse alla preside che la guardava boccheggiando: – Forse è meglio che lei torni a scuola, signora. La signorina Rossi la accompagneremo molto piú in fretta io e Maria... se lei ci lascia usare la sua macchina, – aggiunse titubante, rendendosi finalmente conto di trovarsi in una situazione non esattamente regolare.

La preside nel frattempo aveva recuperato l'uso della parola. Spedí la malata a casa col bidello; fece salire le due ragazzine sul sedile posteriore della *sua* auto e fece dietrofront verso la scuola.

Cosa disse a Mo e a Maria durante il viaggio di ritorno, ve lo risparmio; ma quando scesero nel cortile della scuola le due colpevoli erano distrutte. Per rimediare al mal fatto, Mo si offrí timidamente di insegnare alle compagne, nelle ore di educazione tecnica, a riparare una macchina e a cambiare una ruota, perché non si sa mai... Maria la pizzicava di nascosto per farla tacere, ma non riuscí a evitarle la nuova e piú violenta sfuriata che seguí questa proposta.

Mo scagionò eroicamente Maria, assumendosi tutte le responsabilità dell'impresa e Maria se la cavò con una nota sulla pagella.

Per Mo vennero convocati d'urgenza i signori Olivieri: il consiglio d'Istituto aveva messo all'ordine del giorno la sua espulsione dalla scuola. Solo supplicando e insistendo sulla origine denebiana che rendeva Mo poco pratica delle usanze terrestri, la signora Lucilla ottenne che l'espulsione venisse trasformata in una sospensione di quindici giorni. Venne fuori che era stato il signor Nicola a insegnare a Mo a guidare. – Ma cosa le è saltato in mente! – accusavano con sguardi di biasimo insegnanti e genitori. E il poveretto non poté raccontare, per scusarsi e difendersi, che veramente lui aveva insegnato a guidare a un ragazzino. Infatti avevano deciso di tenere segreto a tutti, nella nuova scuola, il «passato» di Mo e neppure in quella occasione ritennero opportuno rivelarlo. Cosí il signor Nicola dovette subire a testa bassa critiche e rimproveri.

Ma durante i quindici giorni che Mo rimase a casa, tutta

la famiglia le fece un tale lavaggio del cervello da farle passare per sempre la voglia di salire su un'automobile.

Però le rimase la sensazione che – piú che l'indignazione per il furto, piú che la paura che le fosse potuto succedere un incidente – quello che aveva fatto tanto arrabbiare i terrestri era il fatto che lei, una ragazzina, era capace di guidare una macchina!

6.

Fra tutte le insegnanti, Mo preferiva quella di lettere, che era giovane e allegra e sapeva spiegare in modo appassionante. Anche la signora Mucci aveva simpatia per Mo, e la trattava con indulgenza, senza farle troppe prediche perché si comportasse esattamente come le altre alunne. E questo non tanto perché Mo fosse denebiana, ma perché era molto brava nelle sue materie e quindi la signora si sentiva ricompensata per la sua fatica.

Ma ben presto i rapporti fra loro si guastarono, e tutto a causa della preferenza di Mo per un tizio chiamato Achille. Questo Achille non era un uomo in carne e ossa, ma un personaggio di un libro molto antico chiamato *Iliade* che le ragazze studiavano nel corso di «epica».

Il corso comprendeva la lettura di brani tratti da vari libri antichi che parlavano di dèi, eroi e guerrieri. Mo aveva già imparato a conoscerli nell'altra scuola, anzi, con tutta la sua banda ne aveva tratto ispirazione per riti e cerimoniali.

Quest'anno si era particolarmente appassionata all'*Iliade*, che raccontava di una guerra lunghissima combattuta diverse migliaia di anni fa a causa di una donna molto bella che un giorno aveva lasciato suo marito e se n'era andata con un altro. Mo trovava assurdo che per questo motivo, che in fondo riguardava solo quella donna, chiamata Elena, e suo marito, tanta gente passasse il tempo – ben dieci anni a dar retta all'autore! – ad ammazzarsi. È vero che suo marito era re di Sparta e ne faceva una questione di principio, ma insomma, possibile che tutti gli altri lo seguissero come pecore, senza un briciolo di buonsenso?

Che ai terrestri il buonsenso mancasse del tutto, Mo lo aveva già constatato in varie occasioni, ma questa volta, anche perché il libro era tutto sommato molto interessante e gradevole a leggersi, volle andare in fondo alla questione, incoraggiata da Maria che condivideva con lei la passione per Achille.

Cosí, oltre ai brani che le proponevano a scuola, si procurò e lesse tutta l'*Iliade* nella lingua originale. Il metodo con cui l'avevano preparata i suoi maestri denebiani infatti le permetteva di capire facilmente – grazie agli essenziali elementi di linguistica comuni ai terrestri – tutte le lingue di quel pianeta.

Le sembrò cosí di scoprire che, a differenza di quanto le insegnavano a scuola: *a*) quel tale Paride, insieme ad Elena, aveva portato via da Sparta «innumerevoli ricchezze», e Mo sapeva quanto i terrestri fossero attaccati al denaro, e come questo fosse in fondo la vera origine di tutte le guerre. *b*) I Troiani, quando un tal Ulisse con un certo Nestore molto vecchio, erano andati a trattare, sarebbero stati forse disposti a restituire Elena, ma le ricchezze no, quindi l'assedio se l'erano proprio andati a cercare. *c*) Inoltre, se era vero che il capo dei greci, Agamennone, aveva provocato tutta quella carneficina per solidarietà verso il suo fratello piú piccolo, il biondo e gentile Menelao, era anche vero che il capo dei Troiani, un certo Ettore, molto dabbene e assennato, non aveva fatto niente per evitarla. E questo solo per coprire la «scappatella» del *suo* fratello minore, Paride dalle splendide membra, un bellimbusto che da parte sua aveva pochissima voglia di combattere per la patria e lasciava agli altri il compito di difendere il suo prezioso corpo e la donna e le ricchezze mal acquistate.

A Mo questo Ettore non sembrava tanto assennato quanto veniva presentato dalla signora Mucci e come sosteneva Gloria. Sarebbe infatti bastato che desse un paio di scappellotti a suo fratello e restituisse con tante scuse quello che era stato rubato (Tar faceva sempre cosí, quando Mo ne combinava qualcuna delle sue), e tante «anime generose d'eroi» non sarebbero andate anzitempo all'Orco, che poi sarebbe l'Aldilà.

Ma questo semplice atto di giustizia ad Ettore non passava neanche per la mente, e Mo non era tanto disposta ad ammirarlo solo perché continuava a lamentarsi che a lui la guerra non piaceva e che avrebbe preferito starsene a casa accanto al caminetto con quella santa donna di sua moglie Andromaca.

E se qualcuno gliel'avesse rubata, la sua Andromaca, insieme a tutta la cassaforte?

Mo sapeva che probabilmente la storia dell'*Iliade* era l'invenzione di un poeta, una parabola per raccontare la conquista dell'Asia Minore da parte dei greci. Conquista avvenuta non certo a causa di donne rapite (fra i terrestri le donne non valevano tanto, neanche allora), ma per motivi economici molto chiari, come insegnava la storia terrestre a chi volesse studiarla. Ma le vicende raccontate nel poema erano quelle, e su tali vicende lei faceva le sue riflessioni e litigava con la signora Mucci.

Una cosa poi che la indignava oltre ogni dire era il fatto che Elena, causa e origine di tanto scompiglio e di tanti versi, non fosse mai stata consultata, né avesse potuto fare delle scelte riguardo al proprio destino.

Non l'aveva consultata Paride, al momento di rapirla, non Menelao al momento di riprendersela. Né Ettore le aveva chiesto se preferisse restarsene a Troia o tornarsene a casa.

La trattavano come un oggetto, un bellissimo gioiello fra i tanti del tesoro rubato. E lei stessa non protestava, non ci trovava niente di strano, proprio come Caterina...

Anche il litigio con cui cominciava il libro era scoppiato per un motivo di donne prese, richieste, restituite, sequestrate come una gomma da masticare sui banchi di scuola...

Sui vari passaggi di proprietario nessuna delle signorine in questione era stata interpellata... Magari desideravano restarsene dov'erano... Magari avrebbero anche preferito andarsene per i fatti loro, piantando all'accampamento padri, generali, eroi e cantori che se le giocavano ai dadi come se fossero state un prezioso tripode di bronzo o una cintura istoriata (oggetti in uso fra i terrestri a quei tempi).

Mo, se fosse stata al posto loro, non sarebbe restata un solo istante fra gente che la trattava con tanto poco riguardo... È vero che questi fatti erano avvenuti qualche migliaio di anni prima, ma l'esempio vivente di Caterina e le sue esperienze quotidiane facevano sospettare a Mo che in fondo le abitudini terrestri per quanto riguarda le donne da allora non fossero poi cambiate molto.

Però aveva fatto la conoscenza di Achille e ne era rimasta conquistata. Achille era fantastico! In un certo senso era il protagonista del libro. Si trattava di un giovanotto di un'isola vicina, venuto a combattere a fianco degli altri greci in aiuto di Agamennone e Menelao. Era fortissimo e invincibile: il piú forte di tutti, proprio come Mo. È vero che da piccolo sua madre gli aveva fatto fare un bagno speciale che lo aveva reso invulnerabile, tranne che in un calcagno.

Quindi Gloria affermava che della sua bravura non aveva molto merito. – Bella forza! – diceva con disprezzo. Ma non teneva conto che da ragazzino Achille era stato messo a scegliere fra una vita lunga e comoda, ma priva di avventure e di gloria, e una vita breve ma molto intensa. E Achille, proprio come avrebbero fatto Mo e Maria, aveva scelto la seconda strada. Quindi sapeva di dover morire giovane, nonostante la sua invulnerabilità, e ogni volta che usciva in battaglia sapeva che forse non sarebbe tornato al campo vivo.

E poi era bello e biondo e aveva il senso dell'amicizia. Per il suo amico Patroclo avrebbe fatto qualsiasi cosa, come Mo per Maria o per Simone. A Mo sarebbe piaciuto molto essere Patroclo. O forse le sarebbe piaciuto di piú essere Achille; non sapeva decidersi... Certo Achille le somigliava molto. Fra l'altro anche lui, da ragazzo, aveva dovuto fingere per un certo periodo di essere una femmina, quando sua madre lo aveva nascosto tra le figlie del re Licomede per non mandarlo alla guerra.

E invece del professor Dotto, era stato Ulisse a sottoporlo a una prova psicologica per smascherarlo, quando lo aveva sottoposto al test di scegliere fra le armi e i gioielli!

Achille però non era un maschiaccio violento, come affermava la signora Mucci. Era tenero e gentile, e quando aveva da piangere non si vergognava pensando che non fosse un atteggiamento virile... Insomma, Mo ne era proprio innamorata.

Invece la signora Mucci si era messa d'impegno a convincerla che doveva ammirare Ettore. Perché? Perché era un buon padre di famiglia, andava incontro alla moglie alle porte Scee e prendeva in braccio il piccolo Astianatte («però evidentemente di solito non se ne occupava molto, se no il bambino non si sarebbe spaventato a vederlo coll'elmo!» pensava Mo). Perché non amava la guerra ma la vita domestica, perché pensava al bene della sua città... E quando Mo sarebbe stata grande e avrebbe dovuto prendere marito – insisteva la Mucci – avrebbe certo preferito un tipo come Ettore a un tipo come Achille.

Mo era certa del contrario. Ettore assomigliava al signor Brandi, che si «ammazzava di lavoro» per la sua famiglia e poi era troppo stanco e nervoso per giocare con i bambini.

Invece un tipo come Achille le sarebbe piaciuto moltissimo. Se ne sarebbero andati insieme per il mondo in cerca di avventure e si sarebbero divertiti da matti.

La signora Mucci scrisse un biglietto alla signora Lucilla: *Questa bambina è un po' esaltata. Sarebbe meglio farle fare una vita piú tranquilla, inculcarle la bellezza della quiete domestica e allontanarla da letture e compagnie che la eccitano pericolosamente.*

Mo infatti a scuola non faceva che parlare della sua banda e di come, quando ne avesse radunato di nuovo i membri, li avrebbe organizzati in greci e troiani per giocare una nuova guerra dei dieci anni, dove lei avrebbe fatto Achille e Maria Patroclo.

Gloria la ascoltava scettica. Non credeva alla storia della banda. Pensava che Mo si fosse inventata tutto per darsi delle arie con le compagne.

7.

Anche la signora Lucilla era convinta che Mo fosse troppo esaltata per essere una bambina, ma non ebbe il coraggio di proibirle di frequentare la banda. Sperava che col tempo Mo stessa se ne sarebbe stancata e avrebbe finito per allontanarsene e per ridursi a giochi piú tranquilli con Caterina e le sue nuove amiche.

E cosí avvenne infatti, ma non fu per stanchezza di Mo, o comunque per sua libera scelta. Fu la banda a non volerne sapere piú di lei. Simone, Michele, Carlo e tutti gli altri in classe avevano naturalmente notato l'assenza di Mo e ne avevano chiesto ad Andrea. Ma Andrea si era vergognato di rivelare la scoperta del vero sesso di Mo, ed era stato cosí evasivo che loro avevano finito per credere che il loro capo fosse improvvisamente tornato su Deneb. «Cosí, all'improvviso, senza salutarmi, senza lasciare nemmeno un messaggio...» pensava Simone risentito e dispiaciuto... Anche Michele era addolorato, ma Carlo sperava che ora, con l'assenza del rivale piú forte, gli sarebbe stato possibile conquistare il ruolo di capo...

Sul primo momento però la banda aveva rischiato di sciogliersi. I suoi componenti, disorientati, avrebbero ceduto alla tentazione di disperdersi, se non fosse stato per Simone che con tutte le sue forze cercava di tenere viva l'«eredità spirituale» di Mo. Anche Carlo, ora che Mo non c'era piú, non ebbe difficoltà a additarlo come esempio, tanto che alla fine il periodo in cui la banda aveva avuto un comandante denebiano prese per tutti i componenti una dimensione quasi mitica...

Mo venne a sapere che la banda si riuniva nella casa abbandonata per scegliere un nuovo capo, e decise di andare anche lei al raduno, senza avvertire nessuno. Sarebbe stato molto piú semplice telefonare a Simone e dire «Sono qui». Ma la banda in fondo era stata formata per dare sfogo alla sete d'avventura dei suoi componenti e una simile, banale informazione non aveva niente di «avventuroso».

Molto, molto piú emozionante, pensava Mo, lasciarsi credere partita per sempre, farsi piangere perduta e poi ricomparire all'improvviso fra di loro e riprendere il proprio posto di capo con maggior prestigio di prima.

Quante volte, nei romanzi di avventure, si incontrava una scena del genere... Tom Sawyer che ritorna dall'isola mentre si svolgono i suoi funerali! Non si poteva desiderare niente di meglio per animare la vita della banda, diventata negli ultimi tempi prima delle vacanze un po' troppo monotona e sedentaria.

Peccato che Maria fosse in vacanza per una settimana e non potesse andare con Mo ad assistere al suo trionfo!

Già Mo immaginava la scena: tutti tristi seduti attorno al fuoco a parlare del capo perduto, di quanto era stato simpatico e valoroso, di come avrebbero fatto a continuare senza la sua guida... e Mo lí, nel buio, vicino a loro, in attesa del momento piú propizio per rivelare la propria presenza...

Non avvenne esattamente cosí, ma quasi.

Intanto non era notte e non c'erano fuochi accesi, quindi Mo dovette rinunciare alla comparsa d'effetto alla luce tremolante delle fiamme. E poi i ragazzi non stavano parlando con rimpianto dell'amico denebiano scomparso. Niente affatto: stavano progettando una spedizione nel giardino di un tizio con i capelli rossi... Però quando Mo sbucò da dietro il muro della casa, furono felicissimi di rivederlo. Si alzarono tutti in piedi fra esclamazioni di sorpresa. Simone gli corse incontro e gli dette un pugno di bentornato sulla spalla. Gli altri chi gli strinse la mano, chi gli arruffò i capelli, chi addirittura lo abbracciò emozionato, come Michele, il suo fedele luogotenente che senza di lui si era sentito un po' sperso. (Mi accorgo adesso di aver usato ancora per Mo pronomi e aggettivi al maschile. È stata la forza dell'abitudine, tanto piú che tutti i ragazzi della banda, ignari della novità, pensavano a Mo «al maschile».)

Per andare alla riunione Mo aveva indossato i suoi soliti abiti «da campagna»: blue jeans, maglietta, scarpe da tennis... Niente nel suo aspetto poteva far sospettare che nel frattempo si fosse rivelato per quello che in realtà era: una femmina. Era il solito Mo, il Mo di sempre, piú gracile di loro ma forte e deciso, a parte i capelli un po' piú lunghi. Ma nessuno ci fece caso.

Non era ancora stato scelto un nuovo capo, e non se ne parlò piú. Con grande sollievo di tutti, specialmente di Michele e di Simone che temevano la prepotenza di Carlo, Mo riprese con naturalezza il suo antico ruolo.

Si era aspettata forse piú sorpresa, piú curiosità nei confronti della sua scomparsa. Evidentemente aveva già perso l'abitudine a frequentare dei maschi: le ragazzine della sua classe erano cosí pettegole e curiose!

Comunque andava tutto bene lo stesso: loro non fecero domande e lei non dette spiegazioni. Si informò subito della nuova impresa, della spedizione nel giardino del tizio con i capelli rossi... Dicevano che ci fossero, in questo giardino, delle grandi vasche per l'irrigazione di un aranceto; e due cavalli e cinque cani... Il proprietario per la verità non li aveva invitati, ma la banda era abituata ad andare dove le pareva, invitandosi da sola.

Fu davvero un pomeriggio emozionante! Intanto per entrare dovettero scalare un muro piuttosto alto.

Poi, una volta dentro, ingaggiarono una lotta furibonda con gli amici del proprietario, in un prato davanti a una grande vasca piena di acqua stagnante. Lottarono con dei corti bastoni tenuti da entrambe le estremità, come nel film *Robin Hood*; poi si tirarono delle pigne riparandosi dietro due cataste di legna.

Naturalmente vinse la banda di Mo. Mo in persona, spalleggiata dal fido Simone, mise a terra il tizio dai capelli rossi e gli premette un piede sulla schiena.

Subito dopo decisero di celebrare la pace: in fondo erano tutti compagni di scuola e fra loro non c'era nessuna antipatia. E poi il fatto che Mo fosse denebiano – e in quanto tale dotato di forza eccezionale – toglieva agli sconfitti l'onta dell'umiliazione.

Accesero un fuoco sul bordo della vasca e si misero a danzarci attorno alla maniera dei pellerossa. Se li avesse visti la signora Lucilla avrebbe trovato tutto ciò «inadatto» alla bambina Mo ed anche estremamente pericoloso.

E non avrebbe avuto torto, anche se non fu Mo a rischiare la pelle, anzi fu proprio lei ad evitare che succedesse una tragedia.

Quello spericolato di Carlo infatti non trovò niente di meglio che andare a ballare proprio sull'orlo della vasca, facendo dei salti indemoniati e agitando per aria un tizzone acceso.

E come era da prevedersi, a un certo punto scivolò sul muschio viscido e cadde in acqua. Non solo, ma nel cadere afferrò Michele, che era il piú vicino, e se lo trascinò appresso.

Il tizzone si spense sfrigolando, tutti gli altri smisero di ballare e ammutolirono di colpo. Carlo e Michele sapevano nuotare, ma quella non era l'acqua limpida di una piscina. Era stagnante, densa e verdastra, con lunghe alghe viscide che dal fondo salivano alla superficie e si attorcigliavano alle gambe.

Irrigiditi dal panico, i due non riuscivano a stare a galla. Si agitavano sbracciandosi e gridando aiuto, e ottenendo di bere sempre di piú e andare a fondo come due sacchi di cemento.

Il ragazzino dai capelli rossi corse a chiamare i contadini. Gli altri presero dei rami e si avvicinarono con cautela ai bordi della vasca tendendoli ai due malcapitati. Ma il suolo era scivoloso; le scarpe di gomma non facevano presa, e invece di salvare i due a bagno, si rischiava che finissero dentro anche i soccorritori.

Mo non stette a pensarci tanto su. Si tolse le scarpe e si tuffò, riempiendosi i polmoni d'aria. Prima si avvicinò a Carlo:
– Smettila di agitarti tanto, – gli disse con calma, tenendosi a

distanza. – Se non stai tranquillo ti lascio annegare. Tira la testa fuori e respira quanta piú aria puoi: i polmoni ti faranno da galleggiante –. Carlo ubbidí, e anche Michele lí vicino smise di annaspare e cercò di fare «il morto». Mo nuotò alle spalle di Carlo, gli mise un braccio attorno al torace. – Se mi metti le braccia attorno al collo, ti do un colpo in testa e ti caccio sotto, – minacciò tranquilla, come le avevano insegnato a scuola di nuoto, perché se chi sta affogando si avvinghia, trascina sotto anche il soccorritore.

Cosí Carlo si lasciò trasportare verso la sponda senza opporre resistenza. Molte mani si tesero a tirarlo fuori, prime fra tutte quelle dei contadini che erano accorsi spaventati.

Salvare Michele fu per Mo ancora piú facile.

Quando furono tutti e tre all'asciutto si tolsero gli abiti e li appesero attorno al fuoco per asciugarli. I contadini avevano portato delle coperte, e mentre li frizionavano, li sgridavano per la loro imprudenza e lodavano il sangue freddo di Mo. Il ragazzino dai capelli rossi pregava che non raccontassero niente ai suoi genitori, altrimenti non gli avrebbero piú permesso di venire a giocare nel giardino.

– E sarebbe ben fatto! – rispose uno dei contadini. – Ma stai tranquillo che ci pensiamo noi. Domani stesso faremo cintare le vasche con una rete: sono diventate troppo pericolose. Il mese scorso ci è annegata una vacca, e oggi, se non fosse stato per questo biondino qui!... E pensare che è il piú piccolo di tutti voi... Se non fosse stato per lui, a quest'ora!...

Michele e Carlo rabbrividirono. Nell'acqua avevano avuto una paura terribile, ma solo adesso realizzavano veramente il pericolo che avevano corso...

Michele propose di tornare tutti alla casa abbandonata e di festeggiare lí – lontano da vasche insidiose – l'eroico coraggio di Mo. A questa non sembrava di aver fatto niente di eccezionale, ma è indubbio che le lodi e l'ammirazione le facevano un grande piacere. Quale circostanza migliore per riprendere il suo ruolo di capo in seno alla banda?

Invitarono anche il gruppo rivale e andarono tutti alla casa abbandonata. Mo, Michele e Carlo ancora avvolti nelle coperte come tre capi indiani, mentre Simone portava i loro abiti ancora umidi in cima a un lungo ramo, sventolandoli come una bandiera.

Sedettero in cerchio nella «radura del consiglio» e Nicola suonò il tam-tam. Simone scelse proprio quel momento per soddisfare una curiosità tardiva: – Come ci sei mancato, capo! – disse. – Dove eri andato a nasconderti in tutto questo tempo?

E Mo, ormai senza sospetti e inebriata dal trionfo, senza riflettere rispose: – Ho cambiato scuola. Vado all'Istituto femminile di via Speroni.

8.

Non avrebbe mai immaginato il putiferio che quella risposta e le successive spiegazioni avrebbero suscitato fra i membri della banda. La notizia che Mo in realtà era una femmina, che era sempre stata una ragazzina fin dall'inizio, suscitò le reazioni piú varie e inconsulte. Per dieci minuti parlarono tutti assieme, litigarono, si insultarono a vicenda, insultarono Mo, vennero alle mani con i ragazzi della banda rivale...

Mo non riusciva a capire cosa li avesse tanto sconvolti: non era forse lo stesso Mo dell'anno prima? Perché si sentivano traditi, ingannati, umiliati dal fatto di averla avuta come capo per tanto tempo? Non aveva forse appena dato un'altra prova del suo coraggio? Carlo e Michele non le dovevano forse la salvezza?

Quando mai si era divertita a prenderli tutti in giro, a far fare loro delle figuracce, a svergognarli davanti alle bande rivali? Eppure era di questo che l'accusavano, rossi in faccia dalla rabbia, pieni di disprezzo...

– E l'avete preferita a me! A me! – rinfacciava agli altri Carlo picchiandosi i pugni sul petto. Simone stava zitto in un angolo con aria infelice... non accusava Mo, ma neanche la difendeva... Simone, che succhiando il sangue che usciva dalla ferita del pollice di Mo – mentre Mo faceva altrettanto con lui – aveva giurato: «Le nostre ossa biancheggeranno insieme nella giungla!»

Alla fine Carlo salí sulla Pietra del Discorso e parlò a nome di tutti:

– Sei un verme! – disse a Mo. – Tu e tutti i tuoi giuramenti di lealtà! E passi per l'anno scorso. Abbiamo fatto tutti la figura dei cretini, ma pazienza! Ci siamo coperti di ridicolo e di vergogna, ma pazienza! Ci siamo lasciati battere da una donna, comandare da una donna, ma pazienza! Noi non lo sapevamo che tu eri una donna, e neanche tu lo sapevi. Almeno la buona fede, non ce la può negare nessuno.

Ma quello che hai fatto oggi passa ogni limite. Oggi lo sapevi, lo sapevi fin troppo bene e ce lo hai fatto apposta, per umiliarci. Ma chi ti credi di essere, solo perché vieni da Deneb? Non sei altro che una mocciosa! Torna a giocare con le bambole, va'!

– Ma cosa vi ho fatto? – cercò di difendersi Mo col pianto nella voce. Aveva giocato, aveva lottato, aveva ripescato Michele e Carlo... Quando mai li aveva umiliati, quando mai li aveva coperti di vergogna davanti al ragazzino dai capelli rossi? Dovevano essere fieri di lei, altro che vergognarsi! Cosa avevano, da prendersela con lei a quel modo?

– E hai anche la faccia tosta di chiederlo? Hai avuto il coraggio di tornare tra noi senza dirci niente... Ti sei ripresa il posto di capo che spettava a me... tu, una femminuccia! Ti sei lasciata festeggiare, ci hai dato degli ordini... E hai il coraggio di chiederci cosa hai fatto? Ci rideranno dietro per tutta la vita. «La banda della bambina denebiana» ci chiameranno! Puah! Dovresti essere scorticata viva per questo. Perciò sai cosa ti dico? Cosa ti diciamo tutti? Vattene. Dimentica di averci mai conosciuti! Va' via, va' via!

Mo lo guardava incredula. Guardava Michele e Simone, i suoi fedelissimi, ma neppure loro intervenivano in sua difesa.

Carlo le aveva sempre invidiato la sua supremazia, lo sapeva. Ma gli altri non erano suoi amici? Nessuno alzò un dito, nessuno aprí la bocca in suo favore. Nessuno disse: «Ma in fondo cosa è cambiato? Mo non è sempre Mo? Non è forse la piú forte, la piú coraggiosa, la piú abile fra tutti noi?» Erano queste le doti per cui l'avevano scelta come capo, e nessuna di queste doti le era venuta a mancare col chiamarsi femmina.

Quanto poi alla lealtà, li aveva forse ingannati sul proprio sesso? Niente affatto: semplicemente loro non avevano fatto domande e lei non l'aveva ritenuta una cosa abbastanza importante da parlarne a un raduno.

Nessuno disse queste cose per difenderla, e neanche Mo le disse.

Se all'inizio del «Processo» aveva pensato di scolparsi, di giustificarsi in qualche modo, man mano che Carlo procedeva nelle sue accuse, allo stupore subentrava in Mo una grande rabbia.

E quando Carlo le disse: «Vattene!», era piú furibonda lei di tutti gli altri messi insieme.

– Questo lo vedremo, – disse con calma feroce. – Ho conquistato il comando vincendovi tutti alla lotta. Se ora vuoi mandarmi via, se vuoi essere tu il capo, devi riuscire a vincermi –. E si diresse verso di lui gettando a terra la coperta.

– Riuscire a vincerti? Ma va', pupattola! Io non combatto con le donne. Va' a piangere dalla mamma, piuttosto! – disse Carlo fra i denti con disprezzo, e non si mise neppure in guardia.

Fece male, perché Mo lo agguantò per la vita, lo sollevò scalciante e lo gettò a gambe all'aria sulla sabbia.

Ora stavano entrambi al centro del Cerchio del Consiglio, e tutti gli altri intorno li guardavano in silenzio.

Carlo cercò di rialzarsi e Mo gli si buttò addosso. Stava attenta a non fargli male, cercando solo di immobilizzarlo. Adesso sí che lo voleva umiliare! In due minuti lo stese bocconi, schiumante di rabbia, e gli poggiò il piede scalzo

sulla schiena. – Chi è qui il capo? – chiese rivolta ai presenti.
– Chi vuole essere il capo di questa banda? Deve venire a prenderselo, il bastone del comando... Avanti! Chi vuole dimostrare di essere piú forte di me?...

Ci provarono Antonio, Nicola, Marcello, Guido, Cesare e persino il ragazzino dai capelli rossi. Mo li mandò tutti a mordere la polvere.

Nello stesso modo un anno prima aveva conquistato il prestigio di capo, e tutti l'avevano applaudito e ammirato. Grazie a un'impresa del genere, Michele gli aveva giurato fedeltà eterna.

Oggi, però, dopo il trionfo, gli sguardi intorno erano ostili.

Stavano tutti a rispettosa distanza, non la sfidavano piú, ma nel loro atteggiamento non c'era simpatia né ammirazione.

Carlo intanto si era ritirato dietro un cespuglio, ribollendo di rabbia per l'umiliazione e cercando di escogitare qualcosa per prendersi una rivincita. A quel punto tornò in mezzo ai compagni e disse, sputando per terra: – Mo non ci ha vinto in un modo naturale. Mo non è una ragazza normale: è denebiana –. Lo disse come avrebbe potuto dire: «È una strega!» Questo spiegava tutto.

Bella forza batterli a quel modo! Bel coraggio, bella lealtà. Provasse ad affrontarli alla pari, rinunciando ai suoi privilegi di creatura «diversa»! Mo non era come tutti loro. Ma proprio per questo non volevano saperne niente di lei, di lei e dei suoi poteri eccezionali. Cos'era la forza di Mo se non un tipo moderno di stregoneria, un sortilegio spaziale?

– Strega! Strega! – gridarono allora anche gli altri. Che non si provasse a tornare loro a tiro! Non si sarebbero certo piú azzardati ad affrontarla in un corpo a corpo cosí svantaggiato, ma l'avrebbero mandata via a sassate!

Non era una di loro, e non era neanche una ragazzina come le altre! Neppure le loro sorelle avrebbero voluto saperne piú di lei. D'ora in poi avrebbe fatto meglio a girare alla larga dai ragazzi e dalle ragazze terrestri!...

Mo questa non se l'aspettava. Erano stati cosí fieri di lui fino ad allora, proprio per la sua forza denebiana! Ma si fece forza per nascondere la sorpresa, l'amarezza e l'umiliazione. In quel momento pensò solo che era contenta che Andrea non fosse presente, perché Andrea avrebbe dovuto continuare a frequentarlo, mentre questi odiosi, questi vigliacchi, non voleva vederli mai piú...

Piú tardi però, sbollita la rabbia, doveva rimpiangere la Radura del Consiglio, i bivacchi attorno al fuoco, la devozione di Michele, la fedeltà di Simone... Con le nuove amiche, a parte Maria, nonostante ogni sforzo le riusciva impossibile ricreare un rapporto di quel tipo.

Alla «fratellanza», ai patti di sangue fra i maschi, non

corrispondeva sulla Terra una analoga «sorellanza» tra femmine. Era talmente raro trovare tra le ragazzine lealtà e solidarietà... Rivalità e competizione erano gli atteggiamenti piú frequenti, favoriti e incoraggiati dagli adulti... E se alcune ragazzine stabilivano un'intesa fra loro, si poteva star certi che piú che di vera solidarietà, si trattava di complicità contro qualche altro gruppo o persona.

Per concludere la giornata, quando Mo fece ritorno a casa con gli abiti umidi e sgualciti, spettinata, sporca di terra, senza una calza e con le ginocchia scorticate, la signora Lucilla la sgridò e la mise in castigo, lamentandosi di lei con la nonna e con il signor Nicola.

L'anno prima, era normale che Mo rientrasse dai raduni con la banda «conciato» in qualche modo. Ci si limitava a raccomandargli di indossare gli abiti piú vecchi che avesse, e cosí aveva fatto anche questa volta. Ora però sembrava estremamente riprovevole che una ragazzina rincasasse ridotta a quel modo.

La signora Lucilla ne approfittò per proibirle una volta per tutte di frequentare la banda.

«Stai tranquilla, – pensava Mo inghiottendo per fierezza le lacrime, – sta' tranquilla che anche se non me lo proibissi tu, non ci sarei tornata mai piú».

9.

E non ci tornò.

I grandi credettero che lo facesse per obbedienza e la lodarono molto, interpretandolo come un segno di una arrendevolezza piú «femminile». Non erano poi cosí stupidi da non accorgersi che Mo nelle nuove vesti da ragazzina ci stava stretta e a disagio, e che faceva dei sacrifici per accontentarli.

I suoi genitori in particolare soffrivano di questa situazione. Da un lato avevano il rimorso di non averla saputa educare bene, di non averle dato a sufficienza il buon esempio. Dall'altro erano imbarazzati nei confronti della gente sentendosi responsabili del disagio portato nella comunità dalla presenza di una ragazzina cosí recalcitrante.

Poi erano anche dispiaciuti perché vedevano che Mo non era felice: l'avrebbero voluta vedere serena e contenta, ma non sapevano cosa fare per aiutarla... Se non avesse avuto un carattere cosí ribelle! Se non avesse preteso di criticare tutto quello che le accadeva intorno!

Speravano nel tempo, come tutti i genitori impotenti, non conoscendo nessun'altra medicina che la potesse guarire. Speravano che, superata l'età difficile, Mo sarebbe diventata una ragazza piú dolce e femminile, soddisfatta della sua condizione e finalmente tranquilla. Per il momento purtroppo era tutt'altro che tranquilla.

Adesso che la banda l'aveva rinnegata, cercava sempre piú di frequentare la compagnia di Maria.

– Le amiche inseparabili! – diceva la signora Lucilla con un sorriso. Maria, che era piú alta di Mo di quasi 10 centimetri, le metteva un braccio attorno alle spalle con aria di protezione e insieme andavano a chiudersi in camera per delle ore.

– Cosa avranno quelle due da confabulare? – si chiedeva la signora Lucilla con indulgenza, e qualche volta mandava Caterina in perlustrazione. Infatti se ai grandi veniva sbattuta la porta in faccia, Caterina era ammessa a quei conciliaboli perché aveva giurato discrezione e segretezza. E bisogna dire che se la cavava bene a fare il doppio gioco, perché quello che poi riferiva alla signora Lucilla era cosí vago e impreciso da non compromettere le due amiche. Le quali invece stavano tramando il trasferimento definitivo di Maria su Deneb.

È vero che ci volevano ancora quasi sette anni prima che tornasse l'astronabus che avrebbe riportato Mo a casa, comunque quei progetti le consolavano delle attuali delusioni.

Se a Mo bruciava ancora di essere stata rinnegata dalla banda, anche Maria aveva i suoi guai a casa e a scuola. Da un po' di tempo sua madre era diventata fredda con lei, non le sorrideva piú, non scherzava, non si mostrava orgogliosa dei suoi bei voti. E sí che, dopo Mo, Maria era la piú brava della classe!

Il motivo, Maria lo sapeva benissimo, era che lei non si comportava come «una signorina a modo» sebbene avesse quasi quattordici anni. Sua madre però, a differenza dei familiari di Mo, non la rimproverava, non cercava di costringerla, non la puniva...

– Fai come vuoi, – le diceva, – sei grande abbastanza, e noi ti abbiamo sempre lasciata libera... – Infatti Maria poteva uscire quando voleva, vestirsi come preferiva, scegliere le proprie amicizie. (Mo per esempio per sua madre non era l'amica ideale, ma non le aveva proibito di frequentarla.) Maria aveva già deciso da sola a quale scuola iscriversi l'anno prossimo, e anche che mestiere avrebbe fatto da grande...

A Caterina, imprigionata in una rete di divieti, proibizioni, raccomandazioni, consigli, la libertà di cui godeva Maria sembrava un privilegio eccezionale.

– Sai che meraviglia! Cosa me ne faccio? – diceva Maria

scettica. – Mia madre non mi ha mai proibito di fare amicizia con i maschi, ma sono loro che non mi vogliono. Guarda un po' cosa è capitato a Mo con la sua banda! Posso vivere in jeans e maglione, ma hai visto come mi guardano le insegnanti e le altre ragazze quando scoprono che non li metto perché sono di moda, ma perché non possiedo una gonnella? A lezione sono quasi tutte in jeans, e vado bene anch'io... Ma alla festa di fine d'anno il bidello non voleva lasciarmi entrare, e alla cresima di mio cugino mia zia ha litigato con mia madre perché non avevo il vestito «adatto». Una volta per accontentarli sono andata con la mamma in una boutique a provarmi qualche «vestito elegante». Cosa vuoi che ti dica: mi sembrava di essere in maschera! Allora tant'è che mi vesta da Zorro, che è piú divertente! Ma loro non lo capiscono... Persino la Mucci non fa che pregarmi di «essere piú ordinata», lei che non fa altro che parlare di libertà. Eppure non sono mai andata a lezione sporca o spettinata. Ma lei fa la faccia addolorata e mi prega: «Fallo per me». Un giorno mi sono scocciata e le ho chiesto di che libertà andava predicando se io non potevo vestirmi come volevo. Sai cosa mi ha risposto? Che ciò che dobbiamo salvaguardare è la libertà interiore, ma che «la vita con gli altri ha le sue esigenze». Come se andassi in giro ad ammazzare i passanti! «Mi lavo tutti i giorni, sa, – le ho risposto, – che fastidio posso dare a chi mi sta vicino?» Mi ha detto di non fare la stupida, proprio io che sono tanto intelligente. Fanno tutti cosí. Mi dicono: «Tu che sei cosí brava, tu che sei cosí dotata... Ci aspettavamo tanto da te... Non siamo arrabbiati, solo addolorati e delusi. In fondo cosa ti costa essere un po' compiacente?» Infatti non mi costerebbe niente andarmene in giro conciata come Gloria, ma non mi piace, e a loro cosa gliene importa? Finché non faccio niente di male, mi devono prendere cosí come sono.

Maria però con Caterina faceva un po' la sbruffona. In realtà non era sempre cosí battagliera. Soffriva della freddezza degli adulti piú che se l'avessero rimproverata o punita...

Qualche volta, quando era sola, le veniva il dubbio che avessero ragione loro. Forse anche lei, come Anna, non era una ragazza normale. Forse era davvero senza cuore. Forse era nata con un difetto, le mancava qualcosa rispetto alle altre... In fondo desiderava con tutte le sue forze essere normale, essere accettata e amata dagli altri, e in quei momenti provava un senso di angoscia, una paura tremenda della solitudine... Come sarebbe stato il suo futuro di donna adulta? Davvero non avrebbe trovato nessuno che le volesse bene, come profetizzava la signora Mucci compiangendola?... Allora valeva la pena di sforzarsi di cambiare; bisognava cercare di somigliare a Gloria, anche se era proprio il tipo di ragazza che lei detestava...

– Vai benissimo cosí come sei, – la consolava Mo. – Ci mancherebbe che ti sforzassi di somigliare a quella gallina deficiente! Su Deneb nessuno si azzarderebbe a criticarti. Devi proprio venire a vivere su Deneb. I miei ti accoglieranno volentieri... Anzi, sai cosa farò? Ti farò sposare con Tar, se a cinquant'anni vedremo che è un uomo...»

– Ma Tar non ne vorrà sapere di una come me...

– Figurati! Sarà felicissimo. Ci sono sempre piaciute le stesse persone. E poi, che bisogno avrai di sposarti? Non ci sarò io a farti compagnia?

Maria diceva: – Come sei precipitosa, Mo! Devono passare ancora tanti anni... Magari sarai tu nel frattempo a sposarti con un terrestre, e allora addio Deneb! – Mo però era sicura che non si sarebbe mai ridotta a fare la moglie di un terrestre, neppure di uno gentile come Marco.

Sebbene fosse la piú piccola della classe, ormai aveva anche lei i suoi corteggiatori, che le mandavano bigliettini e regali e la invitavano alle feste di compleanno.

Ma la sorpresa piú grossa era stato un bigliettino di Simone, arrivato per San Valentino. *Io ti voglio sempre bene*, scriveva. *Te ne ho voluto fin dal primo momento, ricordi? Vuoi diventare la mia ragazza? Ti difenderò contro tutti, ti proteggerò da ogni pericolo.* Il solito stile cavalleresco del suo ex scudiero. Ma questa volta Mo contemplava il bigliettino piena di incredulità e indignazione. Proprio Simone, che ad ogni difficoltà correva da Mo in cerca di aiuto, che Mo aveva salvato in tante circostanze, che era il piú timoroso della banda... Simone, che aspettava gli ordini senza batter ciglio, che ammirava il suo capo e lo riteneva forte e invincibile, ora parlava di difenderla e di proteggerla!... Cosa aveva fatto, un corso di coraggio e di muscoli nel frattempo, perché le rispettive posizioni si fossero ribaltate a questo modo? O forse credeva che Mo valesse meno di lui semplicemente perché era una ragazza? Come prima reazione, Mo voleva andare a prenderlo a pugni, e si sarebbe visto chi dei due aveva bisogno di essere difeso! Poi decise di limitarsi a fare a pezzi il biglietto e di comportarsi come se non l'avesse mai ricevuto.

10.

Mancava una settimana alla partenza di Anna per l'America. La nonna era inconsolabile: – Quando penso a quei poveri bambini! – gemeva. – Come posso aver allevato una madre senza cuore?!

– Ma se la caveranno benissimo, vedrai, – cercava di consolarla Mo. – Marco è bravissimo. In questi tre mesi hanno fatto le prove generali e hanno visto che funziona tutto lo stesso.

La nonna però si rifiutava di andare in casa di Anna a verificare di persona come procedeva il ménage.
– E non ci andrò neppure dopo, – aggiungeva minacciosa.
– Non credano di poter contare su di me. Non ho nessuna intenzione di muovere un dito per toglierli dai pasticci...

Mo si stupiva: per quanto brontolona, la nonna era sempre stata generosa con i nipoti. Quando la signora Lucilla era andata all'ospedale per la nascita di Maurizio, era sempre in casa Olivieri a controllare e a dare consigli. E quando i signori Brandi andavano a qualche congresso, si occupava volentieri dei quattro ragazzini...

– In questo caso è diverso, – protestava la nonna. – Lucilla non poteva fare a meno di andare in clinica, e Giulia ha il dovere di accompagnare suo marito nei viaggi di rappresentanza... Anna invece ha deciso di andarsene da sola per il mondo a inseguire la sua cometa, e poteva farne benissimo a meno. Che si arrangino, lei e quell'incosciente che l'incoraggia invece di farla ragionare!

Marco e Giovanni invece erano eccitatissimi e facevano mille preparativi per la partenza: – Guai a te se non scopri la cometa di Betlemme! – diceva Giovanni, che faceva ancora confusione con la stella dei re magi.

Anche Mo era molto contenta che finalmente Anna potesse appagare il suo sogno e – se gli Olivieri glielo avessero permesso – l'avrebbe accompagnata volentieri in America.

Le lettere che scriveva a Tar in quel periodo erano piene di notizie sulle ricerche di Anna e sulla sua prossima partenza.

... diventerà famosa in tutta la Galassia, vedrai Tar, e persino la nonna sarà fiera di lei. Per il momento c'è solo Marco a incoraggiarla, poveretta. Questi terrestri sono

davvero strani. Secondo loro non è normale che una donna sposata si interessi veramente al proprio lavoro! Uno scienziato può essere nevrastenico per il troppo studio, rinchiudersi tutto il tempo nel suo laboratorio, vedere i figli un minuto al giorno, stare lontano da casa per anni per le sue ricerche... Anna invece dovrebbe smettere di lavorare e di studiare e, se proprio
non se la sente, dovrebbe farlo nei ritagli di tempo per non «sacrificare la famiglia», come dicono loro.

Car Tar, sono proprio contenta di essera nata a Deneb, visto che dovevo nascere donna! Ma lo sai che qui sulla Terra una donna non è padrona di niente! Per esempio, una nasce con un cognome e una nazionalità, e crede che siano suoi. Invece glieli ha prestati il padre, fino a che non si sposa. Infatti poi il marito gliene presta di nuovi, e se si risposa li cambia ancora. Potrebbe essere divertente, se una qualche volta non si chiedesse: «Ma chi sono veramente?»

Lo sai che ci sono nazioni, che affermano di essere civili, dove le donne fino a qualche anno fa non potevano votare, e tutti pensavano che fosse normalissimo?

Lo sai che lo stesso identico tipo di lavoro, se lo fa una donna viene pagato di meno? Lo sai che i genitori preferiscono far studiare i figli maschi piuttosto che le figlie, anche se sono più stupidi, perché sono gli uomini che devono far carriera e affermarsi nel mondo del lavoro? E che molte donne che credono di essere ricche perché il marito guadagna molto, se non vanno piú d'accordo non se ne possono andare per i fatti propri perché non sono in grado di guadagnare un soldo da sole?

E lo sai Tar, che se una donna non è considerata bella, tutti la criticano anche se è brava e intelligente e non va bene né per sposarsi, perché gli uomini vogliono la moglie bella, né per lavorare, perché le richiedono la «bella presenza»? Invece un uomo può essere brutto come un maiale e viene stimato lo stesso sia come marito che nel lavoro.

Poi le accusano di perdere troppo tempo col trucco, il parrucchiere e la moda, poverette, e le chiamano frivole! Quasi tutte le donne, per esempio, portano i tacchi alti, che sono scomodissimi per camminare. Lo fanno perché gli piace – pensano gli uomini – cretine! Ma se una donna va in giro con i tacchi bassi, sono i primi a trovarla trasandata, racchia, la prendono in giro e non la trovano desiderabile. Perciò poverette, i tacchi se li fanno piacere per forza!

Del fatto che in casa devono fare tutto loro, anche se il marito non è paralitico, te l'ho già scritto. In teoria possono fare qualsiasi mestiere, ma se guardi bene, ci sono delle professioni dove non trovi nessuna donna, o sono cosí rare che ne parlano i giornali e la televisione, come di un cane a tre teste.

Adesso ho capito perché i terrestri ci tengono tanto a sapere immediatamente se un neonato è maschio o femmina! È chiaro: perché se non le allenano per un tempo abbastanza lungo, nessuna delle loro figlie al momento giusto avrà abbastanza pazienza per essere capace di fare la donna![1]

E non credere che a essere maschio ci si guadagni molto. Si hanno molti privilegi, ma si pagano cari... Perché neanche un maschio, che crede di essere padrone della sua vita e di quella degli altri, è libero di fare quello che vuole.

Non si può commuovere, non può avere paura, non può essere sensibile, non può essere tenero e gentile, non può piangere in pubblico, non può cantare e ballare, non si può mettere dei bei vestiti, non può decidere di occuparsi della casa e dei bambini invece di andare in ufficio, non può fare certi mestieri, non può avere certi hobbies... Guarda, non può neanche cercare di sembrare piú bello di quello che è, a meno che non faccia l'attore. Una donna, perché gli altri

---

[1] Nota per i denebiani. Questa non è una scoperta di Mo. Verso la metà del '700, un filosofo svizzero-francese chiamato Jean-Jacques Rousseau (che veniva considerato un tipo molto all'avanguardia e un maschio ineccepibile anche se usava la cipria e i tacchi alti) scriveva in un trattato sull'educazione: «le donne siano educate sin dal principio a portare il giogo, in modo da non risentirne troppo il peso».

l'ammirino, deve essere sempre truccata. Magari un trucco che non si vede, ma deve averlo... Se un uomo osa uscire di casa col rossetto perché è troppo pallido, altro che ammirarlo![2] *Perché, non l'ho proprio capito, ma ti assicuro che forse quando mi credevano un ragazzo, rischiavo di stare peggio di adesso.*

Comunque non vedo l'ora di essere di nuovo con voi a Deneb e di dimenticare tutte queste stupidaggini. Vedrai come ti piacerà Maria!... Lei pensa che i suoi genitori non saranno contenti di lasciarla partire, ma allora sarà abbastanza grande e non avrà bisogno di chiedere il permesso. Tu intanto prepara il terreno con mamma e papà.

Sono contenta di sapere che i miei drogopildi hanno avuto i piccoli. Hai abbastanza gabbie dove tenerli? Se no, riporta

---

[2] Nota per i denebiani. I terrestri a questo proposito sono davvero illogici. Sanno benissimo, per esempio, che i loro antenati europei nel '700 si incipriavano, si truccavano, portavano parrucche e tacchi alti, ed erano persone civilissime e piene di dignità. E ancora oggi se i maschi pellerossa o africani si tingono la faccia, gli europei li giudicano «selvaggi», ma non poco virili. Anzi, ne ammirano il coraggio e la «forza primordiale». Quanto a certi hobbies, si sa che il ricamo in Cina è considerato un'arte, e come tale affidato principalmente agli uomini. E i famosi arazzi francesi, dal medioevo ai giorni nostri, sono opera di artigiani di sesso maschile... Nonostante ciò i terrestri non riescono a convincersi che l'usanza di truccarsi o di ricamare – per i maschi come per le femmine – non è un fatto negativo o positivo di per sé, ma semplicemente un'abitudine, che può variare a seconda dei tempi e dei luoghi, ma che non fa male a nessuno.

i piú grandi nel deserto e rimettili in libertà. Tanto sono sicura che si ricorderanno sempre di me.

Aspetto con ansia vostre notizie. Un abbraccio affettuoso dalla

tua Mo

11.

Ormai mancavano solo due giorni alla partenza di Anna. Questa aveva già fatto il giro dei parenti per salutarli e per raccomandare loro Marco e i bambini. Aveva chiesto ai nipoti quali regali desideravano dall'America, aveva anche versato qualche lacrima, ma soprattutto aveva scherzato sulle sue future scoperte, incoraggiata da Marco che prevedeva per lei trionfi internazionali.

– Vedrete! Diventerà cosí famosa che non ne vorrà piú sapere di noi. Se ci incontrerà per la strada, fingerà di non conoscerci...

– Stupido, – ribatteva Anna tirandogli i capelli, – tu piuttosto approfitterai della mia assenza per scrivere un capolavoro, e quando tornerò ti troverò ricco sfondato...

– Su, fate le persone serie! – diceva la signora Lucilla, un po' seccata di non assistere a strazianti scene d'addio...

– Domani è domenica, – disse Marco a Mo. – È l'ultima volta, quest'anno, che pranziamo insieme. Perché non vieni anche tu? Vero, Anna, che ti farebbe molto piacere?

Mo guardò sua madre con aria interrogativa.

– Va bene. Per questa volta puoi andare! – concesse magnanima la signora Lucilla, che in fondo aveva un debole per la sorella minore e non voleva guastarle le ultime ore in famiglia.

Cosí l'indomani a mezzogiorno il signor Nicola accompagnò Mo con la sua macchina fino al portone di Anna.

– Ti passo a prendere alle cinque, d'accordo?

– D'accordo. Ciao, papà, e grazie del passaggio.

Mentre l'ascensore la portava verso il quinto piano, Mo si immerse in riflessioni un po' malinconiche. A parte il dottor Gil, Anna era l'unico adulto terrestre con cui Mo si era sentita veramente a proprio agio. Anche nel suo primissimo periodo terrestre, quando l'incertezza del suo sesso rendeva tutti cauti e diffidenti, Anna l'aveva trattata con simpatia e confidenza, con stima, da persona a persona, senza riserve mentali.

Ora che Anna partiva per inseguire la sua stella, Mo era contenta per lei, ma anche un po' triste: capiva che la giovane zia le sarebbe mancata molto.

«Non voglio che se ne accorga, però. Deve andarsene senza rimorsi» decise eroicamente suonando il campanello, e comandò ai muscoli del suo viso di disporsi nel sorriso piú rassicurante.

Poteva risparmiarsi la fatica: le aprí Giovanni, con una

faccia da funerale. – Ah, sei tu, – disse sbattendo la porta, senza neanche salutarla. Stella piangeva seduta per terra, in un mucchio di abiti spiegazzati. Di Anna e Marco neanche l'ombra.

– Cosa c'è, Giovanni? Cos'è successo? – chiese Mo sconcertata.

– C'è, – rispose il bambino pestando i piedi, – che adesso quella cretina non vuole partire piú.

– Non dire cretina di tua madre... – lo corresse Mo meccanicamente... poi realizzò quello che aveva sentito.
– Come, non vuole piú partire? Il suo volo è domattina alle nove!

– Ha detto che ha cambiato idea. È proprio una vigliacca e una stupida –. Giovanni era talmente arrabbiato che non si accorgeva neanche del piagnisteo di Stella, lui che di solito era cosí premuroso verso la sorellina. Mo prese la bambina in braccio e cercò di calmarla.

– Io non ci capisco niente. Mi vuoi spiegare bene, per favore? Intanto, Marco e Anna adesso dove sono? – Giovanni indicò in silenzio la porta della camera da letto.

Ora che Stella non piangeva piú, Mo poté avvertire degli altri singhiozzi soffocati che venivano dalla stanza vicina.

– Oh, insomma! – esclamò spalancando la porta. – Si può sapere cosa succede in questa casa?

Anna stava bocconi sul letto, con la faccia nascosta fra i cuscini. Intorno, per tutta la stanza, valigie aperte e mezzo disfatte, in un disordine che – questo sí – avrebbe fatto inorridire la nonna.

– Sei tu, Mo? Scusami. Mi vergogno come una ladra, ma proprio non ce la faccio.

– Non ce la fai a fare che cosa?

– A partire, a lasciare i bambini.

– Ma c'è Marco. Non ti fidi di lui?

– Non si tratta di fidarsi o no, Mo. Chissà se riesci a capire… Mi hanno fatto sentire tutti cosí colpevole…

– Anna, per piacere, calmati e ragiona. Adesso ti porto un bicchiere d'acqua e poi parliamo. Marco dov'è?

– Non lo so. È uscito sbattendo la porta. Abbiamo litigato.

– Per forza. Cosa ti è saltato in mente di fare il voltafaccia cosí, all'ultimo momento?

– Cerca di capire, per piacere. Cerca di capire almeno tu! Al corso preparatorio mi dicevano tutti che ero la piú brava, che avrei fatto chissà quali scoperte sulle stelle comete, che se tutti gli studiosi fossero stati come me… Poi quando sentivano che avevo due figli piccoli e che partivo lo stesso, mi guardavano con una faccia… Come se fossi una pazza o un'assassina…

– Scusa, ma gli altri borsisti, quelli che dovrebbero partire con te, non hanno dei bambini?

– Sí. Qualcuno ne ha. Ma sono uomini, e li lasciano alle mogli.

– Vedi! Marco è certamente piú in gamba della maggior parte delle mogli!

– Ti prego, non ricominciare. Lo so anch'io che Marco è bravissimo coi bambini. Però mi sentivo lo stesso un verme, e quando sono andata a salutare la maestra di Giovanni, mi ha detto: «Poteva fare a meno di adottarlo, poverino. Chissà che trauma...» Io non voglio fargli del male, ne ha già passate tante!

– Guarda che il trauma gliel'hai dato stamattina. È furibondo e deluso perché non parti. Era cosí orgoglioso di te!... Adesso non ti stimerà piú come prima.

– Ma non capisci che devo scegliere fra la sua stima e il suo benessere, il suo equilibrio, il suo affetto? Se non parto mi disprezzerà, ma se parto si sentirà abbandonato e da grande mi riterrà responsabile di tutte le sue nevrosi... E poi le puericultrici del nido di Stella mi hanno dato dell'egoista e della criminale. Mi hanno spiegato che la mia presenza è fondamentale per la sua salute fisica e psichica... «Se la porti dietro, – mi hanno detto, – se proprio deve partire. Certo che vivere in un pensionato, con la madre occupata tutto il giorno a lavorare... Dove la lascerebbe, povera creatura?...» E io mi sentivo sempre di piú una egoista incosciente.

– Ma ci sarà Marco a occuparsi di lei!... I gemelli non si sono ammalati, quando lo zio Osvaldo è stato in Australia... Anzi, ti sarai accorta che Andrea ammira e stima suo padre molto piú di sua madre... La zia Giulia, in fondo, la considera noiosa e poco interessante...

– Non è la stessa cosa! Almeno, tutti dicono che non è la stessa cosa...

– Insomma, ti sei convinta di essere piú importante di Marco... Tu saresti indispensabile e lui no...

– Povero Marco! Non ho mai pensato niente di simile. Piú importante di lui! Ma se io sono un verme, una stupida, una vigliacca, una buona a nulla! Lo capisco benissimo, quando riesco a ragionare, che per i bambini uno di noi due vale l'altro, e Marco è anche piú abile, piú allegro, piú paziente, mentre io perdo subito le staffe... Ma non me la sento di vivere per un anno fra gente che mi giudica una madre snaturata, sapendo che anche qui tutti pensano che io sia egoista e criminale... E qualsiasi cosa dovesse capitare ai bambini, mi sentirei colpevole per tutta la vita. E se anche non succedesse niente adesso, quando da grandi avranno dei problemi, penserò sempre che forse la colpa è mia, che ho messo il mio lavoro prima di loro... È troppo per me: non ce la faccio!

– Ma tu credi che i padri che si devono allontanare da casa si pongano tutti questi problemi?

– Non lo so e non me ne importa, di cosa pensano loro. Io so che da dieci giorni non riesco a dormire, sono nevrastenica e sono arrivata al limite delle forze. Non ce la faccio piú, non ho scelta: devo rimanere.

– E la tua stella cometa?

– La studierà qualcun altro: un uomo che può lasciare la moglie a casa, una ragazza senza marito né figli... Ah, se non mi fossi mai sposata!

– Non sei generosa verso Marco e verso i bambini... Non ti ha costretta nessuno a sposarti... Loro non hanno colpa di esistere.

– È vero. Sono egoista, penso a me stessa. Ma studiare quella stella era il mio sogno, e se non ci fossero loro, lo potrei fare.

– No, guarda, non dipende dal fatto che ci sono loro, tanto è vero che tutti gli altri borsisti hanno famiglia e continuano a studiare le loro stelle. Dipende dal fatto che voi terrestri siete un branco di cretini! O prepotenti o vigliacchi. Ma tutti ugualmente cretini!

Mo era delusa e furibonda. Capiva Marco che era uscito senza dire dove andava. Capiva Giovanni, che era cosí arrabbiato... Prevedeva anche che a casa sua la notizia sarebbe stata accolta con soddisfazione, che la nonna avrebbe trionfato della sconfitta e della rinuncia di Anna. Avevano vinto loro, e i commenti sarebbero stati: «Finalmente ha messo giudizio!»

E sarebbero stati tutti cosí gentili con Anna, cosí affettuosi e riconoscenti per la sua vigliaccheria, da incoraggiarla per il futuro a non fare mai piú qualcosa contro quelle regole che secondo loro erano le uniche buone e ragionevoli.

A tutti piace essere approvati. L'avrebbero lodata per la sua saggezza, mentre Mo era sicura che stesse commettendo lo sbaglio piú grande della sua vita. Perciò se Anna sperava che Mo la compiangesse, sbagliava di grosso.

– Piangi pure! Non sei capace di fare altro! – le disse sgarbata, e uscí richiudendo la porta della camera da letto.

– Hai ragione, Giovanni, è proprio una stupida. Lasciamola stare e andiamocene a mangiare una pizza per conto nostro. Dove sono i vostri cappotti?

Appena usciti dal portone trovarono Marco che stava seduto sul marciapiede con aria truce. – Cosa fa? – chiese appena li vide.

– Piange sempre, – rispose Giovanni disgustato.

– Non usare quel tono! – lo rimbeccò Marco aggressivo. – Devi essere gentile con lei, se no ti riempio di schiaffi!

Giovanni lo guardò disorientato: pensava che Marco neanche li conoscesse, gli schiaffi, e comunque se c'era qualcuno che meritava di essere schiaffeggiato in quel momento, non era lui.

– Allora sei d'accordo con lei! – rispose in tono d'accusa, sentendosi doppiamente tradito.

– Povera Anna! Poverina... Non bisogna lasciarla sola! – disse invece Marco, mettendosi a piangere anche lui, e si infilò di corsa su per le scale.

– Che famiglia di matti! – concluse Mo affamata, sperando di avere in tasca abbastanza soldi per tre pizze.

12.

Il lunedí il gruppo dei borsisti partí con un astronomo in meno. Anna rimase per dieci giorni chiusa in casa, senza vedere nessuno oltre Marco e i bambini. Rifiutava anche di rispondere al telefono e se qualcuno andava a trovarla, si chiudeva a chiave in camera da letto. Se non altro – pensava Mo – non dava ai parenti la soddisfazione di congratularsi con lei.

Ma quando finalmente si decise a uscire, Anna per prima cosa andò all'Osservatorio a presentare la lettera di dimissioni. D'ora in poi avrebbe fatto la casalinga, disse al capo del personale. Suo marito guadagnava abbastanza per mantenere lei e i bambini. Poi passò al nido e informò la direzione che dalla settimana prossima, visto che non lavorava piú, avrebbe tenuto Stella a casa. Non poteva far ritirare Giovanni dalla scuola, ma avvertí Marco che d'ora in poi avrebbe accompagnato lei il bambino e sarebbe andata a riprenderlo tutti i giorni...

– Ma avevamo deciso che ormai era abbastanza grande per andare e tornare da solo!... Gliel'avevamo promesso!

– E io allora cosa ci starei a fare in famiglia? A cosa servirei? Vuoi dirmi che sono proprio un essere inutile?

Marco la vedeva cosí triste e nervosa che non osava contraddirla. Giovanni però ci contava sulla indipendenza promessagli, e non si adattò di buon grado ad essere ancora sorvegliato come un bambino piccolo... Tutte le volte che Anna lo prendeva per mano sul portone di scuola, si vergognava e cercava di svincolarsi... Era molto fiero di aver finalmente superato la paura delle automobili, e ci teneva a dimostrarlo.

Mo stentava a riconoscere la giovane zia che aveva tanto ammirato solo pochi mesi prima. Adesso Anna passava tutto il tempo a pulire la casa, cupa, decisa, senza allegria... Comprava tutti i prodotti suggeriti dalla pubblicità, tutti i giornali di lavori casalinghi, di cucina, di suggerimenti alle mamme. Era diventata maniaca dell'ordine, aveva delle crisi di nervi se Stella lasciava in giro il suo orsacchiotto... I due bambini non avevano piú un attimo di tregua. Anna gli era sempre addosso, a insegnare «si fa cosí», a punire, a controllare, a osservare... Non potevano piú giocare da soli in santa pace, né prendere alcuna iniziativa. Giovanni si sentiva soffocare e appena poteva tagliava la corda, ma Stella dopo un po' cominciò ad abituarsi, e da bambina autonoma e intraprendente che era prima, cominciò a farsi timida e piagnucolosa...

– Vedi come si è addolcita, ad avere la mamma vicino! – diceva la nonna soddisfatta.

Anna sgobbava talmente duro durante il giorno per essere una «massaia perfetta», che la notte sarebbe dovuta crollare di stanchezza. Invece per diverse notti Marco, svegliandosi di soprassalto, aveva sentito il letto vuoto. Anna stava in piedi vicino alla finestra a guardare il cielo in silenzio. – Torna a letto; prendi freddo cosí, – le diceva, e si sentiva un nodo alla gola. Ma non sapeva cos'altro dirle... Quella non era piú la ragazza allegra e decisa che lui aveva sposato!

Nei primi tempi di questa metamorfosi, Mo era solo arrabbiata con Anna. Poi col tempo si accorse che al posto della rabbia cominciava a nascere dentro di lei un senso di pena; non solo, ma anche una leggera sensazione di paura... E se fosse capitato cosí anche a lei? A Caterina, a Maria, a Cecilia?

Davvero non era possibile sulla Terra avere una famiglia, degli affetti e insieme un lavoro interessante? Bisognava per forza scegliere, sacrificare una parte delle proprie aspirazioni? Pensava ai suoi genitori, che erano stati impegnati nella stessa misura dal compito di allevare lei, Tar e i due figli maggiori... Nessuno si era mai sognato di pretendere che uno dei due «sacrificasse» la sua personalità per il resto della famiglia...

Che persone in gamba erano i suoi genitori! Quanta nostalgia di loro si scopriva ad avere! Come sarebbe stata piú felice su Deneb che sulla Terra! Ormai non si sforzava piú di nascondere ai terrestri le sue considerazioni. Non solo, ma cercava di aprire gli occhi a Caterina e alle altre compagne, facendole ragionare sull'assurdità delle abitudini che regolavano la loro vita. Con la conseguenza che i grandi cominciarono a guardarla con sospetto e diffidenza. Non solo era una ragazzina «anormale». Adesso si metteva anche a fare la sobillatrice!

Ma quando scriveva a casa, per essere all'altezza dei familiari, si faceva forza e non diceva niente delle sue difficoltà. Tanto non c'era niente da fare. Per altri sei anni non c'era nessuna possibilità di tornare su Deneb, e lamentarsi non avrebbe migliorato la situazione. Fu proprio in quel periodo che gli Olivieri ricevettero la partecipazione di nozze del dottor Gil.

– Sarebbe gentile che tu andassi personalmente a fargli gli auguri, – disse a Mo la signora Lucilla. – Io non posso muovermi perché Maurizio ha un po' di febbre, ma se ti accompagna Caterina potete prendere il pullman ed essere di ritorno per l'ora di cena.

L'anno prima Mo aveva il permesso di andare da solo al Laboratorio, ma da quando si sapeva che era una ragazzina, doveva viaggiare accompagnata. Evidentemente un solo cervello femminile non era considerato capace dai terrestri di affrontare e risolvere senza aiuto i problemi di un viaggio piú lungo del percorso casa-supermercato.

Cosí Mo chiese a Caterina di accompagnarla, e all'ultimo momento decisero di portare anche Cecilia, che era molto curiosa di vedere il Laboratorio di Scienze e Ricerche Denebiane.

Il dottor Gil le ricevette con grande cordialità: aveva un debole per Mo e non lo nascondeva. Ora forse era l'unico terrestre che la guardasse senza un lampo di diffidenza nello sguardo, con affetto, con approvazione.

Il dottore ringraziò per il regalo mandato dagli Olivieri e le fece entrare nella sua stanza, dove stava per chiudere le valigie già pronte per il viaggio. Infatti – raccontò – sposava una denebiana e si trasferiva definitivamente su quella stella.

– Anzi, Mo, – soggiunse, – forse tu la conosci, la mia fidanzata. Si tratta di Xrizwur, il professore di antropologia venusiana dell'Accademia di scienze interplanetarie.

– Sposa un professore? – chiese Caterina incuriosita.

– Certo, – spiegò Vincenzo Gil. – Eravamo compagni di scuola all'università. Abbiamo fatto tante ricerche insieme, anche se lei è molto piú brava di me. Naturalmente allora non sapevamo che Xrizwur fosse una ragazza... era ancora troppo giovane per questo. Però era già lo scienziato piú brillante dell'Accademia... È sua la scoperta del radar auricolare dei venusiani, della spirale aurea intergalattica. Sua la classificazione delle proteine nucleari di Sirio... Quante nottate abbiamo passato su quel microscopio!... e quante sulla terrazza dell'Osservatorio, a frugare col telescopio i cieli interplanetari!

13.
....

Il dottor Gil sorrideva tra sé intenerito a quei ricordi che le tre ospiti non potevano condividere. Per piú di dieci anni Vincenzo Gil aveva vissuto su Deneb a fianco di Xrizwur... erano stati compagni di camera nel pensionato universitario, ed era lí che avevano cominciato a fare amicizia. Compagni di corso all'Accademia, compagni di vacanza nelle spedizioni esplorative su Deneb... Se c'erano due amici inseparabili, quelli erano loro due. Naturalmente avevano anche litigato, specie quando erano piú giovani. Perché Xrizwur vinceva sempre Vincenzo alla lotta e perché Vincenzo sosteneva che l'atomo del prudenzio fosse scindibile in particelle romboidali anziché quadrate... Ma erano amici per la pelle, su questo non c'era dubbio.

Poi Vincenzo aveva completato il corso previsto dalla sua borsa di studio ed era dovuto tornare sulla Terra. Nei primi tempi lui e Xrizwur si erano inviati messaggi tutti i giorni; poi, come capita, i loro contatti si erano fatti meno frequenti.

Il denebiano era andato per un anno su Plutone con una

spedizione scientifica e Vincenzo ne seguiva con orgoglio gli studi e le scoperte sul Bollettino Interplanetario... Aveva incontrato molti altri giovani terrestri, e anche altri denebiani, ma nessuno aveva sostituito Xrizwur nel suo affetto.

Finalmente, dopo un paio d'anni di assenza, il dottor Vincenzo Gil era tornato a Deneb per una vacanza e per riabbracciare il suo vecchio amico. E qui aveva trovato una novità. Infatti, avendo Xrizwur nel frattempo compiuto i cinquant'anni, aveva ricevuto la sua pergamena dal Saggio della Montagna e aveva così saputo di essere una femmina. Naturalmente la notizia non le era sembrata così importante da doverla comunicare in giro... Xrizwur, come denebiana, era ancora molto giovane, e non aveva alcun progetto di mettere su famiglia. Perciò aveva arrotolato la sua pergamena e l'aveva cacciata in fondo al cassetto delle cianfrusaglie.

Per Vincenzo invece era stata una sorpresa. Non che si aspettasse qualcosa di diverso: o maschio o femmina, qualcosa Xrizwur doveva ben essere, e i suoi sentimenti non sarebbero cambiati in nessun caso. Semplicemente, cresciuto fin da giovane fra i denebiani, non si era mai posto concretamente il problema. Ora però che il suo migliore amico era una ragazza, fu spontaneo per lui, terrestre più adulto e un po' spaesato sul proprio pianeta, progettare subito di sposarla e di stabilirsi con lei su Deneb.

Nel giro di tre mesi – tanto durava la vacanza del dottor Gil – anche Xrizwur si convinse che quella era per entrambi la soluzione migliore... Gli anni in cui Vincenzo era stato sulla Terra le erano sembrati molto duri e non le sembrava vero di poterlo trattenere accanto a sé per sempre.

Così ora i loro documenti erano pronti; gli amici e le famiglie erano stati avvertiti, il professor Mc Slow si era cercato un nuovo assistente e Vincenzo aspettava l'aerobus che lo avrebbe portato su Deneb per le nozze.

Mentre Caterina si commuoveva alla romantica storia d'amore, Mo fu colpita soprattutto dal fatto dell'aerobus. E anche dalla notizia che di recente il dottor Gil aveva avuto modo di andare su Deneb e di tornare.

– Ma come? – esclamò. – Io credevo che il primo collegamento fra i due pianeti fosse possibile soltanto fra sei anni, quando arriverà l'astronabus di linea che mi riporterà a casa!

– Così era infatti fino a un anno fa, – spiegò il dottor Gil. – Ma nel gennaio scorso è stata scoperta una nuova rotta intergalattica... È stata proprio Xrizwur a identificarla dall'Osservatorio di Plutone. Per ora soltanto speciali aerobus denebiani la possono percorrere, ma il viaggio è veloce e sicuro come quelli su rotte tradizionali, con la differenza che qui non bisogna aspettare particolari congiunzioni per avere via libera. Il razzo può partire e atterrare in qualsiasi momento...

Mo lo guardava incredula. La strada del ritorno era aperta già da un anno; fin dal gennaio scorso lei sarebbe potuta tornare a casa in qualsiasi momento, e non ne aveva saputo nulla!

– I tuoi genitori su Deneb lo sapevano, – spiegò il dottor Gil, – ma si erano impegnati per dieci anni con l'Istituto Terra Deneb, e pensavano che valesse la pena di completare l'esperimento. E poi, tu sai che su Deneb il tempo passa diversamente.

– E io che nel frattempo ho sofferto tanta nostalgia! E mi sono tanto disperata all'idea di dover crescere combattendo con tutti quegli stupidi pregiudizi terrestri! E ho avuto tanta paura che riuscissero a ridurmi come Gloria, come Anna!

– Però non lo hai mai scritto a casa. Credi che se i tuoi avessero saputo che non stavi bene, non ti avrebbero richiamato al piú presto? Ma tu gli hai lasciato credere che fossi felice.

– E gli Olivieri? Loro lo sapevano?

– No. Non sapevano della nuova rotta. Ma io credo che se anche fossero stati a conoscenza della possibilità di rimandarti a casa prima del tempo, non lo avrebbero mai fatto di propria iniziativa.

E anche questo – riconobbe Mo – era vero. Il signor Nicola e la signora Lucilla, nonostante tutto, le volevano bene. Avevano affrontato con coraggio le difficoltà di educarla come una buona terrestre, e non le avrebbero mai fatto l'affronto di dirle: «Sei un peso troppo grosso per noi. Non ce la facciamo a tenerti in casa nostra. Tornatene lí da dove sei venuta». D'altronde non sospettavano neppure che su Deneb per Mo la vita potesse essere migliore, che a casa sua Mo non avrebbe incontrato tante difficoltà per crescere come una persona libera e dignitosa.

Ma lui, Gil, lo sapeva! E sapeva anche che Mo, da quando era arrivata, non era mai stata perfettamente felice e a suo agio fra i terrestri...

Di fronte allo sguardo d'accusa della ragazzina, il dottore rideva sotto i baffi...

– Eri venuta per fare un'esperienza di vita terrestre... Non mi risulta che ti abbiano trattato peggio delle loro figlie. Hai forse avuto qualcosa in meno rispetto a Cecilia e a Caterina?

Questo no, doveva ammettere Mo, stringendo le mani delle due cugine terrestri. Questo no, anzi le sue «stranezze» erano state affrontate con maggiore indulgenza.

Eppure l'idea che bastava volerlo e l'indomani poteva essere a casa sua, con i suoi genitori, con Tar, con gli amici, a Deneb, dove nessuno l'avrebbe trattata da «ragazza», le dava le vertigini...

Le dispiaceva, certo, lasciare Maurizio, i signori Olivieri, Anna e Marco, i cuginetti, le amiche... Ma in fondo non erano, non erano mai stati, la sua gente. E poi sarebbe sempre potuta ritornare da grande, da «denebiano», senza dover rendere conto a nessuno di come era fatta...

E capiva anche che per loro, superato il dispiacere per la sua scomparsa, sarebbe stato piú grande il sollievo per non avere piú in casa una tale fonte di problemi e di inquietudine... e senza il rimorso di aver preso loro l'iniziativa di mandarla via! Sí, era proprio decisa a profittare dell'occasione!

14.

— L'aerobus parte fra un'ora, – disse il dottor Gil, – quindi se pensi di partire con me, sbrigati a deciderti!

– Posso portare anche Maria? – chiese subito Mo. – Posso telefonarle?

– Sull'aerobus ci sono ancora dei posti vuoti, – rispose il dottor Gil, – puoi portare chi ti pare. Basta che sia qui entro un'ora.

– Ma i suoi genitori non le permetteranno di venire, – osservò Caterina.

– Questo non mi riguarda, – disse il dottor Gil. – È un problema che dovrà risolvere Maria. Anche Mo, naturalmente, dovrà vedersela da sola con gli Olivieri. Scusatemi: devo finire di chiudere le valigie. Il telefono è là nello studio.

Mo si precipitò sul telefono. Il cuore le batteva forte per la paura che Maria non fosse in casa. Invece rispose proprio lei.

– Senti, Maria, fra un'ora parto per Deneb. Sí, oggi. È troppo lungo da spiegare; te lo racconterò in viaggio... Certo, naturalmente che ti porto con me! Non eravamo già d'accordo? Adesso non vuoi piú venire? Ah, ecco, lo sapevo bene! No, non c'è bisogno che ti porti nulla. Troveremo tutto a casa mia... Solo devi sbrigarti a venire, perché l'aerobus non aspetta... Ah, e naturalmente, acqua in bocca! Non dire niente agli Olivieri, altrimenti è capace che vengono qui a cercare di trattenermi... Puoi dirlo solo a Marco, ma fagli giurare il segreto, mi raccomando. Non ti trattengo al telefono: è già tardi. Corri, Maria, corri!

Depose il microfono e si appoggiò soddisfatta contro lo schienale della sedia: – Ha detto che viene!

A quel punto, contro ogni sua aspettativa, Caterina scoppiò a piangere: – Non andartene, Mo! Non lasciarmi!

Mo la guardò preoccupata. Come avrebbe fatto Caterina senza il suo appoggio, in quel mondo dove tutti erano piú forti di lei, dove tutti usavano la loro forza e la loro dolcezza per «domarla»? Ora che l'aveva abituata a ragionare in modo «denebiano» sulla propria condizione, poteva dirle «arrangiati!»?

E cosa ne sarebbe stato di Cecilia, di Anna, di Stella, di Maurizio? Non se li poteva portare tutti dietro... ma Caterina e Cecilia erano lí...

– Ci stringeremo, – disse eroicamente. – Potete venire su Deneb anche voi due.

Cecilia a dire la verità sembrava disinteressata a tutta la

faccenda e curiosava tra gli strumenti scientifici del dottore. Caterina invece taceva combattuta tra la voglia di partire, la curiosità e la smania di avventura, la paura dell'ignoto, il rimorso per il dolore che avrebbe dato ai genitori... Per Mo era diverso. Sulla Terra non lasciava che degli amici, degli ospiti cortesi... La sua gente era a Deneb, lí i suoi affetti e le sue abitudini. Mo tornava a casa.

Per Caterina si trattava di abbandonare madre, padre, nonna, fratelli, parenti, amici, compagne di scuola, casa, abitudini... Tutto quello che le avevano insegnato ora le mostrava che partire era impossibile. Solo una ragazza fortissima, e per giunta senza cuore, poteva liberarsi spontaneamente di tanti legami.

– Maria viene, – disse Mo per convincerla. – Di che cosa hai paura? Ci saremo io e il dottor Gil a occuparci di voi, e i miei genitori, i miei fratelli... Siamo un popolo ospitale, noi denebiani. Starete bene. Io ero molto piú piccola di te, piú indifesa, piú ignorante, quando sono venuta sulla Terra, ti ricordi? Non conoscevo nessuno qui da voi, e a casa mia stavo bene, non avevo niente da cui fuggire... Voi, se rimanete, farete la fine di Anna... – Caterina esitava.

«Pensa alla tua mamma!» le diceva intanto una vocina interna, una voce che nasceva non solo dall'affetto, ma dalle consuetudini, da tutti i libri di scuola, i telefilm, da tutte le frasi fatte, i proverbi, le pubblicità, le melensaggini che il costume terrestre aveva creato per applicarle ai rapporti fra madre e figli... «Pensa alla tua mamma che ti vuole tanto bene!»

– Spezzerei il cuore di mia madre... – cercò di spiegare.

– Non è poi cosí fragile, – rispose Mo. – La zia Giulia soffrirà un po', piangerà un po', ma Andrea e Luigi la consoleranno presto. In fondo voi due non valete molto per lei, se impiega ogni suo sforzo per cambiarvi. Se vi amasse davvero, vi stimerebbe, vi accetterebbe cosí come siete, sarebbe fiera di voi... E poi, in fondo, quello che desidera di piú per voi, è che vi sposiate. È preparata al distacco, se lo augura. Soffrirebbe molto di piú se rimaneste zitelle, a casa con lei per tutta la vita... Partendo ora non farete che anticipare di qualche anno il distacco. Fingiamo di andare tutte su Deneb a sposarci, se questo vale a rassicurare i terrestri... Piangeranno un po' e si consoleranno in fretta!

Caterina dovette ammettere che Mo aveva ragione... ma partire cosí su due piedi, senza abbracciare Andrea, senza neanche uno spazzolino da denti, senza salutare, senza chiedere il permesso...

– Telefono a casa e glielo dico, – propose titubante.

– Se fossi in te non lo farei, – rispose Mo. – Riuscirebbero a farti cambiare idea. Non hai ancora imparato a conoscerli? –

Caterina ammise che sarebbero riusciti a invischiarla con i soliti ricatti affettuosi, con i pianti, commuovendola, spaventandola, minacciandola, facendola sentire piú colpevole di quanto già non pensasse... Ormai i meccanismi che regolano i rapporti familiari terrestri le erano chiari come a Mo...

– Telefona tu, allora.

– Fossi matta. Imbroglierebbero anche me. Lasceremo un biglietto. Lo sapranno quando noi saremo già in viaggio.

Si rendeva conto che era una vigliaccheria, un'azione subdola degna di Gloria, un non voler combattere per le proprie scelte... Su Deneb non le sarebbe mai saltato per la testa di comportarsi a quel modo. – Vedi come sono riusciti a ridurmi in pochi anni, – esclamò seccata. Si vergognava, ma non riusciva a fare altrimenti. Era un brutto segno. Bisognava andarsene al piú presto, prima che l'influenza della educazione terrestre le togliesse ogni energia...

– Nel biglietto mi assumerò ogni responsabilità, anche della vostra fuga, – disse per riscattarsi. In fondo, cosa le importava? Pensassero pure che aveva rapito Caterina e Cecilia! L'importante era sottrarle all'affetto, alla protezione, alla educazione terrestri, per permettere loro di crescere come delle creature libere.

Mo sapeva benissimo (come pure lo sapeva il dottor

Gil, che accettando di portarle con sé condivideva la responsabilità della fuga) che tutte e quattro, e Cecilia in particolare, avevano ancora bisogno degli adulti per crescere in modo sereno ed equilibrato. Ma aveva fiducia nei suoi veri genitori, nei suoi maestri, nei denebiani adulti in generale... Sapeva che le avrebbero accolte e protette, che avrebbero offerto loro tutto l'appoggio necessario, che mai e poi mai avrebbero imposto loro dei comportamenti, delle abitudini, dei gusti e delle virtú prestabiliti. Sapeva che a Caterina, Cecilia e Maria, quando avessero messo piede su Deneb, nessuno avrebbe chiesto di compilare un modulo sbarrando la *F* e non la *M* per relegarle di conseguenza in uno scompartimento di seconda categoria.

Il piccolo missile aspettava già sulla rampa con i motori accesi. Fra qualche minuto sarebbe stato pronto a staccarsi dalla piattaforma. E Maria ancora non si vedeva!

«Se crede che rinunci a partire per lei, si sbaglia!» pensava Mo, irritata e inquieta.

Finalmente si sentí una lunga scampanellata, poi dei passi di corsa per le scale, un pianto infantile...

– Hai portato anche Stella! – esclamò Caterina sgomenta.

– Pesa piú di una valigia! – sbuffò Maria ansimante, scaricando la bambina in braccio a Mo. – Per colpa sua ho rischiato di non arrivare in tempo!

– Come hai fatto a portarla via senza che se ne accorgessero? – chiese Caterina.

– Non l'ho portata via di nascosto: è stata Anna a pregarmi. Io non sapevo neanche se sul razzo c'era posto. Anna e Marco piangevano come due vitelli, quando l'hanno salutata. «Perché diamine la mandate, allora?» ho chiesto. «Sappiamo che su Deneb sarà piú felice, – mi hanno spiegato, – il nostro dispiacere non conta. Non è un oggetto di nostra proprietà. È una persona che ha diritto di sviluppare le sue qualità nel migliore dei modi». Mi hanno anche dato un biglietto per te, Mo, eccolo!

Il biglietto era di Anna: *Ti affido Stella. Non voglio che mi somigli. Sarei venuta anch'io con voi, ma devo restare con Marco. Anche lui ha i suoi problemi e sarei una vigliacca a lasciarlo solo sulla Terra. Buona fortuna.*

– E cosí siamo in cinque! Speriamo di non viaggiare troppo strette! – concluse Mo avviandosi verso la rampa di lancio.

– Quattro, – la corresse Cecilia. – Io non vengo con voi.

Si resero conto che nessuno aveva chiesto il suo parere, né lei aveva manifestato l'intenzione di partire con loro.

Non è che Cecilia avesse poco spirito d'avventura, o che nutrisse per sua madre un affetto smisurato, o che non potesse abbandonare il suo amato-odiato Luigi, o che avesse paura delle incognite del viaggio... Semplicemente le piaceva la Terra e voleva viverci: non aveva voglia di fuggire.

Avrebbe continuato a ribellarsi, a gettarsi per terra, a strappare gli «abiti da femminuccia», a fischiare con due dita, ad arrampicarsi sugli alberi, a nascondersi nel garage... Avrebbe continuato a resistere con calma e con violenza, a voler bene a sua madre e a disubbidirle, a picchiare Luigi e a difenderlo dagli estranei... Non c'era un ragionamento alla base della sua decisione: era una questione di carattere. Cecilia si sentiva abbastanza forte, con i suoi otto anni, da tener testa al mondo intero.

Non insistettero per convincerla a partire. Con un sottile senso di ammirazione le affidarono la busta col messaggio di addio. Cecilia era abbastanza in gamba da affrontare e arginare le furie e il dolore delle signore Brandi e Olivieri, dei padri, della nonna, alla notizia della fuga.

Il dottor Gil pregò un collega di riaccompagnare Cecilia in città dopo la loro partenza. Poi, dietro richiesta della bambina ci ripensò. Cecilia era perfettamente in grado di ritornare da sola. Aveva i soldi per il biglietto del pullman, conosceva la strada per l'autostazione... sapeva badare a se stessa esattamente come Andrea alla sua età. Le dettero l'orario dei pullman e l'abbracciarono. Cecilia li seguí nel cortile, dove il modulo aspettava i suoi passeggeri con i portelli aperti.

Mo salí, tenendo per mano Caterina. Maria portava in braccio Stella. Il dottor Gil entrò dopo di loro e si chiuse il portello alle spalle.

I reattori fischiarono piú forte. Il missile tremò tutto: stava per staccarsi dalla rampa e puntare verso Deneb.

Dal finestrino le tre fuggitive salutarono con la mano la bambina che sotto la tettoia degli hangar agitava il fazzolettino rosa senza una lacrima.

Con un grande sbuffo di fumo il missile partí verso l'alto. Ma il rombo dei reattori non riusciva a coprire tre voci allegre che gridavano dall'interno del modulo: – Arrivederci, arrivederci! Buona fortuna, Cecilia.

Cecilia ripiegò con cura il fazzoletto, lo mise in tasca, contò le monete che aveva nel borsellino.

Spinse il cancello del Laboratorio e si avviò verso il capolinea del pullman che l'avrebbe riportata a casa.

Buona fortuna, Cecilia.

INDICE

EXTRATERRESTRE alla pari

I. Un estraneo fra noi

p. 11	Capitolo 1
17	Capitolo 2
21	Capitolo 3
25	Capitolo 4
31	Capitolo 5
35	Capitolo 6

II. Alla ricerca di un sesso

41	Capitolo 1
47	Capitolo 2
56	Capitolo 3
61	Capitolo 4
65	Capitolo 5
71	Capitolo 6
77	Capitolo 7
85	Capitolo 8

III. Evviva, è nato un maschio

- 93   Capitolo 1
- 101 Capitolo 2
- 107 Capitolo 3
- 114 Capitolo 4
- 120 Capitolo 5
- 127 Capitolo 6

IV. Vita da uomo

- 135 Capitolo 1
- 140 Capitolo 2
- 146 Capitolo 3
- 155 Capitolo 4
- 160 Capitolo 5
- 169 Capitolo 6
- 177 Capitolo 7

V. Vita da donna

- 181 Capitolo 1
- 186 Capitolo 2
- 195 Capitolo 3

201	Capitolo 4
206	Capitolo 5
213	Capitolo 6
221	Capitolo 7
229	Capitolo 8
237	Capitolo 9
244	Capitolo 10
251	Capitolo 11
261	Capitolo 12
267	Capitolo 13
273	Capitolo 14

························

Finito di stampare nel mese di settembre 2014
per conto delle Edizioni EL
presso G. Canale & C. S.p.A., Borgaro Torinese (To)

························